essentials

essentials liefern aktuelles Wissen in konzentrierter Form. Die Essenz dessen, worauf es als „State-of-the-Art" in der gegenwärtigen Fachdiskussion oder in der Praxis ankommt. *essentials* informieren schnell, unkompliziert und verständlich

- als Einführung in ein aktuelles Thema aus Ihrem Fachgebiet
- als Einstieg in ein für Sie noch unbekanntes Themenfeld
- als Einblick, um zum Thema mitreden zu können

Die Bücher in elektronischer und gedruckter Form bringen das Expertenwissen von Springer-Fachautoren kompakt zur Darstellung. Sie sind besonders für die Nutzung als eBook auf Tablet-PCs, eBook-Readern und Smartphones geeignet. *essentials:* Wissensbausteine aus den Wirtschafts-, Sozial- und Geisteswissenschaften, aus Technik und Naturwissenschaften sowie aus Medizin, Psychologie und Gesundheitsberufen. Von renommierten Autoren aller Springer-Verlagsmarken.

Weitere Bände in dieser Reihe http://www.springer.com/series/13088

Christoph Gyo

Beschäftigung von Flüchtlingen

Arbeits- und Ausbildungsverhältnisse
rechtskonform gestalten

2., überarbeitete und erweiterte Auflage

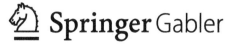

Christoph Gyo
Buschlinger, Claus & Partner PartG mbB
Wiesbaden, Deutschland

ISSN 2197-6708   ISSN 2197-6716   (electronic)
essentials
ISBN 978-3-658-18153-6   ISBN 978-3-658-18154-3   (eBook)
DOI 10.1007/978-3-658-18154-3

Die Deutsche Nationalbibliothek verzeichnet diese Publikation in der Deutschen Nationalbibliografie; detaillierte bibliografische Daten sind im Internet über http://dnb.d-nb.de abrufbar.

Springer Gabler

Gedruckt auf säurefreiem und chlorfrei gebleichtem Papier

Springer Gabler ist Teil von Springer Nature
Die eingetragene Gesellschaft ist Springer Fachmedien Wiesbaden GmbH
Die Anschrift der Gesellschaft ist: Abraham-Lincoln-Str. 46, 65189 Wiesbaden, Germany

Was Sie in diesem *essential* finden können

- Herausforderungen und Chancen für den deutschen Arbeitsmarkt durch Migration
- Informationen zu Aufenthaltstitel bzw. Arbeitsgenehmigung als regelmäßiger Voraussetzung für Beschäftigung und Ausbildung
- Neuerungen durch das Integrationsgesetz
- Überblick zu Fördermöglichkeiten
- Einzelheiten zum vom Aufenthaltsstatus grundsätzlich unabhängigen Arbeitnehmerschutz
- Hinweise zur Vertragsgestaltung
- Besonderheiten zur Vermeidung von Strafbarkeits- und Kostenrisiken

Vorwort

Dieses *essential* vertieft und führt Überlegungen zusammen, die der Autor schon in dem Aufsatz „Migrant Workers in Germany" im Jahr 2009 und in der Dissertation „Diskriminierung aufgrund der Religion im deutschen und französischen Arbeitsrecht" aus dem Jahr 2011 angestellt hat. Diese sind leider aktueller denn je. So hat sich der Zugang zur Beschäftigung für Flüchtlinge trotz verschiedener Gesetzesänderungen, wie zuletzt z. B. durch das Integrationsgesetz (zum Großteil in Kraft getreten am 06.08.2016, teilweise aber erst zum 01.01.2017) samt den dazugehörigen Verordnungen, nur geringfügig verbessert. Das Konfliktpotenzial am Arbeitsplatz wegen religiöser Überzeugungen nicht christlicher Arbeitnehmer z. B. im Zusammenhang mit Bekleidungsvorschriften oder Gebetspausen ist auch wegen zunehmender politischer Spannungen im Zweifel sogar gewachsen. Das Ziel dieses *essentials* ist, – unbeeindruckt von unverantwortlich geführten politischen Diskussionen – sachliche Hinweise zur sinnvollen Beschäftigung von Flüchtlingen zu liefern.

Wiesbaden, Deutschland   Christoph Gyo

Inhaltsverzeichnis

Einleitung

1

Deutschland ist seit jeher Ziel von Migrationsbewegungen. Erst langsam setzt sich die Erkenntnis durch, dass Migration nur schlecht gesteuert werden kann und dass – angesichts des Ursprungs des Großteils des aktuellen Migrationsstroms aus zerfallenen und zerfallenden Staaten des Großraums Mittlerer Osten – die Rückkehrneigung der kürzlich in Deutschland eingetroffenen und noch eintreffenden Migranten noch schwächer ausgeprägt sein dürfte als die ihrer Vorgänger. Ob diese Menschen eine Lösung für den sich in verschiedenen Branchen und Regionen ankündigenden und teilweise bereits eingetretenen Fachkräftemangel sind, kann derzeit nicht seriös beurteilt werden. Erstens gibt es nach wie vor zu wenig Daten über das Sprach- und Ausbildungsniveau der Migranten, das angesichts eines Lebens in Not und auf der Flucht aber häufig unzulänglich sein dürfte. Zweitens wird nicht jeder Migrant seine berufliche Perspektive z. B. in der Altenpflege oder in Handwerksberufen in der entlegenen Provinz sehen. Sicher ist aber, dass die Migration zumindest eine große Chance ist, dem Fachkräftemangel zu begegnen (Gyo 2009, S. 66). Trotz dieser Entwicklung hat die Politik im Wesentlichen bislang nur bewirkt, dass sich die rechtlichen Rahmenbedingungen für die Aufnahme einer Beschäftigung durch Migranten etwas verbessert haben. Im Wesentlichen beschränkt sich dies darauf, dass Asylbewerber und Geduldete nunmehr schon drei Monate nach ihrer Einreise statt wie bisher nach neun bzw. zwölf Monaten einer Beschäftigung nachgehen dürfen und dass die sogenannte Vorrangprüfung in 133 von insgesamt 156 Arbeitsagenturbezirken probeweise für drei Jahre ausgesetzt wird. Geblieben ist die unübersichtliche Rechtslage mit allein mehr als 50 Arten von Aufenthaltserlaubnissen und faktische Unzulänglichkeiten, wie z. B. überlange Verfahrensdauern von Asylverfahren, die sich teilweise über zwei Jahre erstrecken. Das vorliegende *essential* widmet sich den Möglichkeiten, trotz dieser Barrieren einer Beschäftigung in Deutschland nachzugehen und dadurch bei gleichzeitiger Entlastung des Sozialsystems die Lebenszeit der Betroffenen sinnvoll zu nutzen.

© Springer Fachmedien Wiesbaden GmbH 2017
C. Gyo, *Beschäftigung von Flüchtlingen,* essentials,
DOI 10.1007/978-3-658-18154-3_1

Die Reihenfolge der Darstellung richtet sich nach dem chronologischen Ablauf eines Ausbildungs- bzw. Beschäftigungsverhältnisses. Dazu werden zunächst die Begrifflichkeiten geklärt, im Anschluss daran werden die verschiedenen rechtlichen Gestaltungen des Aufenthalts und ihre Auswirkungen auf Beschäftigungsmöglichkeiten erläutert und abschließend arbeits-, sozialversicherungs- und steuerrechtliche Sonderfragen beantwortet. Dieses *essential* enthält in Abschn. 2.3 Verlinkungen zu den im Internet frei zugänglichen, einschlägigen gesetzlichen Regelungen. Die wichtigsten gesetzlichen Regelungen wurden zur vereinfachten Handhabung zusätzlich im Wortlaut aufgenommen.

Grundlagen

2

2.1 Begrifflichkeiten

Umgangssprachlich hat sich der Begriff *„Flüchtling"* für diejenigen Menschen etabliert, die sich auf der Suche nach einer besseren Zukunft aus Schwellenländern, der sogenannten „Dritten Welt" und aus Kriegs- und Krisengebieten mehr oder weniger zielgerichtet nach Deutschland begeben. Die rechtlichen Definitionen des „Flüchtling" sind aber enger. Nach Art. 1 Abs. 2 Abkommen über die Rechtsstellung der Flüchtlinge vom 28. Juli 1951 (*„Genfer Flüchtlingskonvention"* – *GFK)*, das von der Bundesrepublik Deutschland durch das Gesetz vom 1. September 1953 ratifiziert wurde, handelt es sich bei einem Flüchtling um eine Person, die

> aus der begründeten Furcht vor Verfolgung wegen ihrer Rasse, Religion, Nationalität, Zugehörigkeit zu einer bestimmten sozialen Gruppe oder wegen ihrer politischen Überzeugung sich außerhalb des Landes befindet, dessen Staatsangehörigkeit sie besitzt, und den Schutz dieses Landes nicht in Anspruch nehmen kann oder wegen dieser Befürchtungen nicht in Anspruch nehmen will; oder die sich als staatenlose infolge solcher Ereignisse außerhalb des Landes befindet, in welchem sie ihren gewöhnlichen Aufenthalt hatte, und nicht dorthin zurückkehren kann oder wegen der erwähnten Befürchtungen nicht dorthin zurückkehren will.

Über § 3 Abs. 1 Asylgesetz (AsylG) wird diese Definition in das nationale Recht übernommen. Noch enger ist die Definition des Asylberechtigten. *Asylberechtigt* sind Flüchtlinge im Sinne von Art. 1 Abs. 2 GFK bzw. § 3 Abs. 1 AsylG, wenn sie wegen ihrer politischen Verfolgung nach Deutschland gereist sind, ohne eine Etappe in einem Mitgliedstaat der EU oder einem Drittstaat der die GFK anwendet (sog. „Sicherer Drittstaat") gemacht zu haben und einen Asylantrag gestellt haben, Art. 16a Abs. 1 Grundgesetz (GG). Wird dem Asylantrag stattgegeben,

© Springer Fachmedien Wiesbaden GmbH 2017
C. Gyo, *Beschäftigung von Flüchtlingen*, essentials,
DOI 10.1007/978-3-658-18154-3_2

führt dies zur *Anerkennung als Asylberechtigter.* Daneben gibt es „*Subsidiär Schutzberechtigte*". Diese erfüllen nicht die Voraussetzungen für die Anerkennung als Asylberechtigte, dennoch droht ihnen in ihrem Herkunftsland ernsthafter Schaden, § 4 Abs. 1 AsylG. Ernsthafte Schäden sind z. B. die Verhängung oder Vollstreckung der Todesstrafe, Folter oder unmenschliche oder erniedrigende Behandlung oder Bestrafung oder die ernsthafte individuelle Bedrohung des Lebens oder der körperlichen Unversehrtheit einer Zivilperson infolge willkürlicher Gewalt im Rahmen internationaler oder innerstaatlicher bewaffneter Konflikte.

Nachfolgend wird der Begriff „Flüchtling" aber nur zurückhaltend eingesetzt, da er für diese Darstellung einerseits zu eng und andererseits nicht zielführend ist. So erfasst die Definition des „Flüchtling" nach der GFK nicht diejenigen Menschen, die nach Deutschland einreisen, ohne verfolgt zu sein. Obwohl es der Intention des Gesetzgebers widerspricht, kann es nicht ausgeschlossen werden, dass Menschen, die mangels Verfolgung keine „Flüchtlinge" sind, einen Aufenthaltstitel und eine Arbeitsgenehmigung erhalten. Einem vernünftigen Arbeitgeber dürfte es bei der Begründung und der Durchführung eines Beschäftigungsverhältnisses egal sein, ob der Betroffene „Flüchtling" im Sinne der GFK ist oder ob er gar nicht verfolgt ist. Wichtiger ist es für ihn zu wissen, ob dem Betroffenen – warum und wie auch immer – die Beschäftigung gestattet ist und ob er die fachliche und persönliche Qualifikation für die Ausübung der Tätigkeit besitzt. Für die Rechte und Pflichten der Parteien des Arbeitsverhältnisses ist es ebenfalls irrelevant, ob der Beschäftigte „Flüchtling" im Sinne der GFK ist oder ob er keiner Verfolgung ausgesetzt ist. Der weit überwiegende Teil der das Arbeitsverhältnis regelnden Gesetzesvorschriften ist – meist zwingendes – Arbeitnehmerschutzrecht, das aus gutem Grund nicht an die Herkunft oder den Aufenthaltstitel des Arbeitnehmers anknüpft.

„*Migrant*" ist demnach der besser passende Begriff, soweit es allein um den Aufenthalt geht. Im Zusammenhang mit Beschäftigung sind die Begriffe „*Beschäftigter*" oder „*Beschäftigungssuchender*" treffender.

Unter *Beschäftigung* im Sinne dieser Darstellung werden die abhängige Beschäftigung, selbstständige Tätigkeiten, betriebliche Ausbildungen, Ausbildungen im dualen System, Praktika, das Freiwillige Soziale Jahr und der Bundesfreiwilligendienst verstanden. Fragen zum Besuch von allgemeinbildenden Schulen und Hochschulen sind nicht Gegenstand dieser Darstellung.

2.2   Herkunft, Bleibewahrscheinlichkeit, Qualifikation und Perspektiven der Migranten

Die statistische Erfassung der seit 2015 in erheblich verstärktem Ausmaß in Deutschland eintreffenden Flüchtlinge ist trotz einiger Verbesserungen wie z. B. dem Datenaustauschverbesserungsgesetz nach wie vor nicht zufriedenstellend. Die bislang vorliegenden Zahlen liefern demnach nur Näherungswerte. Hierzu im Einzelnen:

Zwischen Ende 2014 und Mitte 2016 sind ca. 780.000 bis 830.000 Flücht-linge nach Deutschland eingereist, die Gesamtzahl der in Deutschland befindlichen Flüchtlinge beläuft sich auf ca. 1.300.000 bis 1.350.000 Menschen (IAB, Aktueller Bericht 19/2016, S. 10 f.). Die ausländische Bevölkerung in Deutschland ist zwischen Dezember 2014 und Dezember 2016 um ca. 1.879.268 Personen gewachsen. Davon stammen ca. 963.547 Personen aus Afghanistan, Eritrea, Irak, Iran, Nigeria, Pakistan, Somalia und Syrien, ca. 50.670 Personen aus Albanien, Bosnien-Herzegowina, Kosovo, Mazedonien und Serbien und weitere ca. 606.435 Personen aus anderen EU-Ländern (IAB, Zuwanderungsmonitor Januar 2016, S. 8; IAB, Zuwanderungsmonitor Januar 2017, S. 7). Während im Dezember 2015 noch ca. 365.000 Asylverfahren noch nicht entschieden waren, waren es im Dezember 2016 schon ca. 434.000 (IAB, Zuwanderungsmonitor Januar 2016, S. 5; IAB, Zuwanderungsmonitor Januar 2017, S. 4). 2016 wurden Asylerstanträge von Migranten aus Syrien (zu 98 %), Eritrea (zu 92,2 %), Irak (zu 70,2 %) und Afghanistan (zu 55,8 %) überwiegend positiv beschieden, während fast alle Asylerstanträge von Migranten aus den Westbalkanstaaten abgelehnt wurden (IAB, Zuwanderungsmonitor Januar 2017, S. 4). Zum 31.07.2016 befanden sich ca. 845.000 geflohene Migranten im erwerbsfähigen Alter zwischen 15 und 64 Jahren, ca. 345.000 davon hatten uneingeschränkten Zugang zum Arbeitsmarkt; es wird prognostiziert, dass sich diese Zahl der dem Arbeitsmarkt zur Verfügung stehenden Menschen mittelfristig auf ca. 700.000 erhöht (IAB, Aktueller Bericht 19/2016, S. 10 f.). Von den registrierten Asylbewerbern im arbeitsfähigen Alter ab 18 Jahren hatten ca. 36 % eine Universität, Fachhochschule oder ein Gymnasium, ca. 30 % eine Fach- oder Mittelschule und ca. 31 % nur eine Grundschule oder gar keine Schule besucht (IAB, Aktueller Bericht 6/2016, S. 4). Gewichtet mit der Bleibewahrscheinlichkeit hatten ca. 46 % eine Universität, Fachhochschule oder ein Gymnasium, ca. 26 % eine Fach- oder Mittelschule und ca. 25 % nur eine Grundschule oder gar keine Schule besucht (IAB, Aktueller Bericht 6/2016, S. 4). Ca. 70 % dieser Menschen verfügten nicht über eine abgeschlossene Berufsausbildung (IAB, Aktueller Bericht 6/2016, S. 3). Der gelegentlich in den Medien

auftauchende syrische Arzt (vgl. z. B. Ärzte Zeitung vom 21.10.2015 und Die
ZEIT vom 15.10.2015) dürfte demnach eine Randerscheinung bleiben. Angesichts
dieses Befunds ist es müßig, darüber zu diskutieren, ob die schulischen, beruflichen und akademischen Abschlüsse der Migranten mit inländischen Abschlüssen vergleichbar sind (vgl. zur Bewertung ausländischer Abschlüsse unten
Abschn. 5.1). Fest steht nämlich, dass der weit überwiegende Teil der Migranten
erheblichen – nicht nur sprachlichen – Qualifizierungsbedarf haben dürfte um für
deutsche Arbeitgeber und Ausbilder überhaupt einsetzbar zu werden. Genügend
Zeit, um solche Qualifizierungsmaßnahmen durchzuführen, sollte vorhanden sein.
So dauerte die Bearbeitung eines Asylantrags im Jahr 2014 zwischen 7,1 und
16,5 Monaten („Die Arbeitsintegration von Flüchtlingen in Deutschland", Bertelsmann Stiftung, 1. A. 2015, S. 2). Sollten Qualifizierungsmaßnahmen unterbleiben,
drohen – auch im Zusammenspiel mit juristischen Beschäftigungshemmnissen
– negative Konsequenzen für den Arbeitsmarkt und damit sozialer Sprengstoff.
Während Zweifel an dem durchschnittlichen Qualifikationsniveau der Migranten
deshalb berechtigt sind, dürfte es sich mit der Motivation der in Deutschland eintreffenden Migranten anders verhalten. Wer sein vertrautes Umfeld unter hohen
Entbehrungen, Kosten und der Eingehung von Risiken für Leib und Leben in eine
mehr als ungewisse Zukunft in einem entfernten, andersartigen und leider auch
nicht immer gastfreundlichem Land verlässt, dürfte im Regelfall hoch motiviert
sein. Ob und wie das Weniger an Qualifikation durch ein Mehr an Motivation aus-
geglichen wird, muss sich noch erweisen. Gleichwohl kann man diesbezüglich
vorsichtig von einer Chance für den deutschen Arbeitsmarkt sprechen. Interessan-
terweise wird diese vorwiegend vom Mittelstand genutzt, während die DAX30-
Unternehmen im Juli 2016 gerade einmal 54 Flüchtlinge beschäftigten (DIE ZEIT
vom 18.08.2016).

2.3 Systematik der gesetzlichen Regelung

Allgemeine Grundlage der Beschäftigung von Ausländern ist das Aufenthaltsgesetz (AufenthG, http://www.gesetze-im-internet.de/aufenthg_2004/index.html).
Es regelt unter anderem die Einreise, den Aufenthalt und die Beschäftigung derjenigen Ausländer, die nicht Unionsbürger, Angehörige der diplomatischen und
konsularischen Korps oder durch einen völkerrechtlichen Vertrag privilegiert sind,
§ 1 AufenthG. Daneben sind spezielle Regelungen im AufenthG und in weiteren
Gesetzen einschlägig. Diese finden sich z. B. im Allgemeinen Gleichbehandlungs-
gesetz (AGG, http://www.gesetze-im-internet.de/agg/index.html), im Arbeitneh-
merüberlassungsgesetz (AÜG, http://www.gesetze-im-internet.de/a_g/index.html),

im Asylgesetz (AsylG, http://www.gesetze-im-internet.de/asylvfg_1992/index.
html) als Nachfolgeregelung des bis zum 23.10.2015 geltenden Asylverfahrensge-
setzes (AsylVfG), im Asylbewerberleistungsgesetz (AsylbLG, http://www.gesetze-
im-internet.de/asylblg/index.html), in der Aufenthaltsverordnung (AufenthV,
http://www.gesetze-im-internet.de/aufenthv/index.html), im Berufsqualifikations-
feststellungsgesetz (BQFG, http://www.gesetze-im-internet.de/bqfg/index.html),
in der Beschäftigungsverordnung (BeschV, http://www.gesetze-im-internet.de/
beschv_2013/index.html), im Bürgerlichen Gesetzbuch (BGB, http://www.gesetze-
im-internet.de/bgb/index.html), im Betriebsverfassungsgesetz (BetrVG, http://
www.gesetze-im-internet.de/betrvg/index.html), dem Gesetz zur Bekämpfung der
Schwarzarbeit und illegalen Beschäftigung (SchwarzArbG, http://www.gesetze-
im-internet.de/schwarzarbg_2004/index.html), dem Kündigungsschutzgesetz
(KSchG, http://www.gesetze-im-internet.de/kschg/index.html), im Sozialgesetzbuch Drittes Buch (SGB III, http://www.gesetze-im-internet.de/sgb_3/index.html)
und im Teilzeit- und Befristungsgesetz (TzBfG, http://www.gesetze-im-internet.de/
tzbfg/index.html). Grundsätzlich richten sich die Möglichkeiten, als Migrant einer
Beschäftigung nachzugehen, nach dem Aufenthaltstitel des Migranten, oder, falls
ein solcher nicht vorliegt, nach dem Vermerk über das Bestehen einer Arbeitsgenehmigung auf der jeweiligen Aufenthaltsbescheinigung. Daneben existieren ver-
schiedene Regelungen auf Länderebene, die wegen ihrer Vielfalt und zum Teil
Kurzlebigkeit im Rahmen dieser Darstellung nicht behandelt werden können.

Aufenthaltstitel und Arbeitsgenehmigung als grundsätzliche Voraussetzungen für die Aufnahme einer Beschäftigung oder Ausbildung

3

Die grundlegende Regelung zu Einreise, Aufenthalt und Beschäftigung in Deutschland ist § 4 AufenthG.

Aufenthaltsgesetz (AufenthG)
§ 4 Erfordernis eines Aufenthaltstitels

(1) Ausländer bedürfen für die Einreise und den Aufenthalt im Bundesgebiet eines Aufenthaltstitels, sofern nicht durch Recht der Europäischen Union oder durch Rechtsverordnung etwas anderes bestimmt ist oder auf Grund des Abkommens vom 12. September 1963 zur Gründung einer Assoziation zwischen der Europäischen Wirtschaftsgemeinschaft und der Türkei (BGBl. 1964 II S. 509) (Assoziationsabkommen EWG/Türkei) ein Aufenthaltsrecht besteht. Die Aufenthaltstitel werden erteilt als

1. Visum im Sinne des § 6 Absatz 1 Nummer 1 und Absatz 3,
2. Aufenthaltserlaubnis (§ 7),
2a Blaue Karte EU (§ 19a),
3. Niederlassungserlaubnis (§ 9) oder
4. Erlaubnis zum Daueraufenthalt – EU (§ 9a).

Die für die Aufenthaltserlaubnis geltenden Rechtsvorschriften werden auch auf die Blaue Karte EU angewandt, sofern durch Gesetz oder Rechtsverordnung nichts anderes bestimmt ist.

© Springer Fachmedien Wiesbaden GmbH 2017
C. Gyo, *Beschäftigung von Flüchtlingen*, essentials,
DOI 10.1007/978-3-658-18154-3_3

(2) Ein Aufenthaltstitel berechtigt zur Ausübung einer Erwerbstätigkeit, sofern es nach diesem Gesetz bestimmt ist oder der Aufenthaltstitel die Ausübung der Erwerbstätigkeit ausdrücklich erlaubt. Jeder Aufenthaltstitel muss erkennen lassen, ob die Ausübung einer Erwerbstätigkeit erlaubt ist. Einem Ausländer, der keine Aufenthaltserlaubnis zum Zweck der Beschäftigung besitzt, kann die Ausübung einer Beschäftigung nur erlaubt werden, wenn die Bundesagentur für Arbeit zugestimmt hat oder durch Rechtsverordnung bestimmt ist, dass die Ausübung der Beschäftigung ohne Zustimmung der Bundesagentur für Arbeit zulässig ist. Beschränkungen bei der Erteilung der Zustimmung durch die Bundesagentur für Arbeit sind in den Aufenthaltstitel zu übernehmen.

(3) Ausländer dürfen eine Erwerbstätigkeit nur ausüben, wenn der Aufenthaltstitel sie dazu berechtigt. Ausländer dürfen nur beschäftigt oder mit anderen entgeltlichen Dienst- oder Werkleistungen beauftragt werden, wenn sie einen solchen Aufenthaltstitel besitzen. Dies gilt nicht, wenn dem Ausländer auf Grund einer zwischenstaatlichen Vereinbarung, eines Gesetzes oder einer Rechtsverordnung die Erwerbstätigkeit gestattet ist, ohne dass er hierzu durch einen Aufenthaltstitel berechtigt sein muss. Wer im Bundesgebiet einen Ausländer beschäftigt oder mit nachhaltigen entgeltlichen Dienst- oder Werkleistungen beauftragt, die der Ausländer auf Gewinnerzielung gerichtet ausübt, muss prüfen, ob die Voraussetzungen nach Satz 2 oder Satz 3 vorliegen. Wer im Bundesgebiet einen Ausländer beschäftigt, muss für die Dauer der Beschäftigung eine Kopie des Aufenthaltstitels oder der Bescheinigung über die Aufenthaltsgestattung oder über die Aussetzung der Abschiebung des Ausländers in elektronischer Form oder in Papierform aufbewahren.

(4) (weggefallen)

(5) Ein Ausländer, dem nach dem Assoziationsabkommen EWG/Türkei ein Aufenthaltsrecht zusteht, ist verpflichtet, das Bestehen des Aufenthaltsrechts durch den Besitz einer Aufenthaltserlaubnis nachzuweisen, sofern er weder eine Niederlassungserlaubnis noch eine Erlaubnis zum Daueraufenthalt – EU besitzt. Die Aufenthaltserlaubnis wird auf Antrag ausgestellt.

http://www.gesetze-im-internet.de/aufenthg_2004/__4.html

Danach ist Ausländern, die nicht Unionsbürger, Angehörige der diplomatischen und konsularischen Korps oder durch einen völkerrechtlichen Vertrag privilegiert sind, die Einreise und der Aufenthalt im Bundesgebiet grundsätzlich verboten, § 4 Abs. 1 S. 1 AufenthG. Es handelt sich dabei um ein sogenanntes Verbot mit Erlaubnisvorbehalt. Ein Aufenthaltstitel befreit von diesem Verbot und ermöglicht damit die Aufnahme einer Beschäftigung. Soweit ein Aufenthaltstitel die Ausübung einer Beschäftigung erlaubt, kann der Aufenthaltstitel grundsätzlich nur mit Zustimmung der Bundesagentur für Arbeit erteilt werden, § 39 Abs. 1 S. 1 AufenthG. (Zum Zustimmungsverfahren vgl. unten Abschn. 4.2). Die verschiedenen Arten der Aufenthaltstitel sind in § 4 Abs. 1 S. 1 AufenthG abschließend aufgezählt. Es handelt sich dabei um die Niederlassungserlaubnis gem. § 9 AufenthG, die Daueraufenthaltserlaubnis – EU gem. § 9a AufenthG, die Blaue Karte EU gem. § 19a AufenthG, die Aufenthaltserlaubnis gem. § 7 AufenthG und das Visum gem. § 6 AufenthG.

Ob dem Inhaber eines dieser Aufenthaltstitel die Beschäftigung in Deutschland gestattet ist, muss immer aus dem Aufenthaltstitel selbst ersichtlich sein, § 4 Abs. 2 S. 2 AufenthG. Über das „Ob" der Erlaubnis einer Beschäftigung hinaus muss der Aufenthaltstitel aber auch erkennen lassen, welchen Beschränkungen diese Arbeitsgenehmigung unterliegt. Diese können beispielsweise regionaler, betrieblicher oder zeitlicher Natur sein, vgl. z. B. § 39 Abs. 4 AufenthG. Der Vermerk zur Erlaubnis der Beschäftigung im Aufenthaltstitel ist deklaratorisch, wenn sich gem. § 4 Abs. 3 S. 3 AufenthG schon aus dem Zweck des Aufenthaltstitels oder einer rechtlichen Regelung ergibt, dass der Inhaber des Aufenthaltstitels einer Beschäftigung nachgehen darf. Dies ist z. B. bei der Aufenthaltserlaubnis zur Ausübung einer selbstständigen Tätigkeit gem. § 21 AufenthG der Fall (vgl. zu den verschiedenen, hier einschlägigen Aufenthaltstiteln unten Kap. 3). Der Vermerk zur Erlaubnis der Beschäftigung im Aufenthaltstitel kann aber auch konstitutiv wirken, wenn sich aus dem Aufenthaltstitel oder einer rechtlichen Regelung noch nicht automatisch die Befugnis zur Ausübung einer Beschäftigung ergibt, so z. B. aus einer Aufenthaltserlaubnis für in anderen EU-Staaten langfristig Aufenthaltsberechtigte gem. § 38a AufenthG. In diesen Fällen muss eine Arbeitsgenehmigung noch beantragt werden. Enthält der Aufenthaltstitel den Vermerk **„Erwerbstätigkeit gestattet"**, berechtigt dies zur Ausübung einer selbstständigen oder unselbstständigen Tätigkeit. Der Vermerk **„Beschäftigung gestattet"** berechtigt nur zur Ausübung einer unselbstständigen Tätigkeit. Es würde den Rahmen dieser Darstellung sprengen, die Voraussetzung für die Erteilung der verschieden Aufenthaltstitel in allen Einzelheiten auszubreiten. Die Darstellung beschränkt sich deshalb darauf, einen Überblick darüber zu vermitteln, welche Aufenthaltstitel bereits eine Arbeitsgenehmigung enthalten, und bei welchen Aufenthaltstiteln noch eine Arbeitsgenehmigung einzuholen ist. Dies soll es Arbeitgebern – in ihrem eigenen Interesse, zur Vermeidung einer strafrechtlichen Verfolgung – erleichtern, festzustellen, ob die Ausbildung oder Beschäftigung eines Migranten rechtlich zulässig ist. Zudem sollen Arbeitgeber in die Lage versetzt werden, die vertragliche Ausgestaltung einer Ausbildung oder Beschäftigung an eine womöglich nur befristete Aufenthaltserlaubnis des betroffenen Migranten anzupassen. (Zu den Einzelheiten vgl. unten Kap. 5).

3.1   Niederlassungserlaubnis gem. § 9 AufenthG

Die **Niederlassungserlaubnis** gem. § 9 AufenthG wird immer unbefristet erteilt und berechtigt ihren Inhaber stets zur Ausübung einer selbstständigen oder unselbstständigen Beschäftigung, § 9 Abs. 1 S. 2 AufenthG. Eine Zustimmung durch die Ausländerbehörde oder durch die Bundesagentur für Arbeit ist nicht erforderlich. Eine Arbeitsmarktprüfung wird nicht durchgeführt. Selbst die Tätigkeit als Leiharbeitnehmer ist gestattet. Der Inhaber der Niederlassungserlaubnis ist in dieser Hinsicht deutschen Staatsangehörigen gleichgestellt. Selbstverständlich gelten auch hier die aufenthaltsstatusunabhängigen einschlägigen Anforderungen an die Ausübung bestimmter Tätigkeiten wie z. B. der Abschluss bestimmter Ausbildungen oder das Absolvieren von Berufsexamina. Ob diese vorliegen, muss ggf. im Anerkennungsverfahren ermittelt werden (vgl. hierzu unten Abschn. 5.1).

3.2   Daueraufenthaltserlaubnis – EU gem. § 9a AufenthG

Inhabern einer **Daueraufenthaltserlaubnis – EU** gem. § 9a AufenthG ist es automatisch erlaubt, einer selbstständigen oder unselbstständigen Beschäftigung nachzugehen. Selbst die Tätigkeit als Leiharbeitnehmer ist gestattet. Die Zustimmung durch die Ausländerbehörde oder durch die Bundesagentur für Arbeit ist nicht erforderlich. Eine Arbeitsmarktprüfung wird nicht durchgeführt. Die Daueraufenthaltserlaubnis – EU wird unbefristet erteilt und ist im Wesentlichen der Niederlassungserlaubnis gleichgestellt, § 9a Abs. 1 S. 1 AufenthG.

3.3   Blaue Karte EU gem. § 19a AufenthG

Die speziell für Hochqualifizierte geschaffene **Blaue Karte EU** gem. § 19a AufenthG wird nur **befristet** erteilt, und zwar bei der erstmaligen Erteilung auf eine Dauer von maximal vier Jahren. Sie berechtigt grundsätzlich nur zu der Aufnahme einer bestimmten, unselbstständigen Beschäftigung. Diese ist in der Nebenbestimmung zu der Blauen Karte zusammen mit dem Arbeitgeber dieser Beschäftigung vermerkt. Für einen Wechsel der Beschäftigung ist innerhalb der ersten beiden Jahre der Beschäftigung die Erlaubnis der Ausländerbehörde erforderlich, § 19a Abs. 4 AufenthG. Grundsätzlich erfolgt eine Arbeitsmarktprüfung, § 39 Abs. 2 S. 1 AufenthG. Die Arbeitsmarktprüfung ist auf die Prüfung der Beschäftigungsbedingungen beschränkt, wenn es sich bei dem Betroffenen um einen Naturwissenschaftler, Mathematiker, Ingenieur, Arzt oder eine akademische oder vergleichbare Fachkraft der Informations- und Kommunikationstechnologie mit einem Verdienst von mindestens 52 % der jährlichen Beitragsbemessungsgrenze in der allgemeinen Rentenversicherung (Stand 2016: 74.400 EUR/West, 64.800 EUR/Ost; Stand 2017: 76.200 EUR/West, 68.400 EUR/Ost) handelt, § 2 Abs. 2 S. 2 BeschV. Eine Vorrangprüfung findet nicht statt.

3.4   Aufenthaltserlaubnis gem. § 7 AufenthG

Die **Aufenthaltserlaubnis** ist ein Aufenthaltstitel, der nur **befristet** erteilt wird, § 7 Abs. 1 S. 1 AufenthG. Sie wird grundsätzlich nur zu Zwecken der Ausbildung (§§ 16–17a AufenthG), der (sowohl selbstständigen als auch unselbstständigen) Erwerbstätigkeit (§§ 18–21 AufenthG), aus völkerrechtlichen, humanitären oder politischen Gründen (§§ 22–26 AufenthG), aus familiären Gründen (§§ 27–36 AufenthG) und aus den besonderen Gründen der Wiederkehr eines Ausländers (§ 37 AufenthG), des Aufenthalts eines ehemaligen Deutschen (§ 38 AufenthG) und für in anderen Mitgliedsstaaten der EU langfristig Aufenthaltsberechtigte (§ 38a AufenthG) erteilt.

§§ 18–21 AufenthG regeln die Erteilung einer **Aufenthaltserlaubnis zum Zwecke der Ausübung einer Erwerbstätigkeit** bzw. gewähren Ansprüche auf den Aufenthaltstitel einer Niederlassungserlaubnis gem. § 9 AufenthG. Dies berechtigt z. B. **qualifizierte Geduldete** dazu, einer qualifikationsangemessenen Beschäftigung nachzugehen (§ 18a Abs. 1 S. 1 AufenthG) und **Forscher** dazu, ihrer Forschungstätigkeit nachzugehen, § 20 Abs. 6 AufenthG. **Absolventen deutscher Hochschulen** bzw. **Hochqualifizierten** kann eine Niederlassungserlaubnis gem. § 9 AufenthG erteilt werden, §§ 18, 19 Abs. 1 AufenthG. In diesen

Fällen kann dann gem. § 9 Abs. 1 S. 2 AufenthG selbstständigen und unselbstständigen Beschäftigungen nachgegangen werden.

Die **Aufenthaltserlaubnis zur Ausübung einer selbstständigen Tätigkeit** gem. § 21 AufenthG beinhaltet denknotwendig die Erlaubnis zur Ausübung dieser selbstständigen Tätigkeit. Die Arbeitsagentur wirkt mangels Zuständigkeit nicht mit, sodass keine Arbeitsmarktprüfung stattfindet. Unselbstständige Tätigkeiten sind von dieser Aufenthaltserlaubnis nicht umfasst.

Ausländern kann eine **Aufenthaltserlaubnis aus völkerrechtlichen oder dringenden humanitären Gründen** erteilt werden, § 22 S. 1 AufenthG. In diesem Fall ist die unselbstständige Beschäftigung immer erlaubt, einer Zustimmung der Bundesagentur für Arbeit bedarf es nicht, § 31 Beschäftigungsverordnung (BeschV). Demnach erfolgt auch keine Arbeitsmarktprüfung. Für die Ausübung einer selbstständigen Beschäftigung bedarf es der Zustimmung der Ausländerbehörde, § 21 Abs. 6 AufenthG. Eine Arbeitsmarktprüfung findet auch hier nicht statt. Erklärt das Bundesministerium des Inneren oder eine von diesem bestimmte Stelle die Aufnahme eines Ausländers zum Zweck der Wahrung nationaler politischer Interessen, muss eine Aufenthaltserlaubnis aus völkerrechtlichen oder dringenden humanitären Gründen erteilt werden, § 22 S. 2 AufenthG. In diesem Fall sind sowohl die selbstständige als auch die unselbstständige Beschäftigung gestattet, § 22 S. 3 AufenthG. Einer Zustimmung der Bundesagentur für Arbeit bedarf es nicht, § 31 Beschäftigungsverordnung (BeschV). Demnach erfolgt auch keine Arbeitsmarktprüfung.

Eine **Aufenthaltserlaubnis durch die obersten Landesbehörden, bei besonders gelagerten politischen Interessen und zur Neuansiedlung von Schutzsuchenden** gem. § 23 AufenthG berechtigt immer zur Aufnahme einer unselbstständigen Beschäftigung. Eine selbstständige Tätigkeit bedarf bei der Aufenthaltsgewährung durch die oberste Landesbehörde der Zustimmung der Ausländerbehörde, § 21 Abs. 6 AufenthG. Diese Zustimmung ist nicht erforderlich, wenn der Aufenthalt durch ministerielle Erlaubnis aus besonders gelagerten politischen Gründen oder zur Neuansiedlung von Schutzsuchenden erfolgt, § 23 Abs. 2 S. 5, Abs. 4 S. 2 AufenthG. Eine solche ministerielle Erlaubnis wurde z. B. bzgl. Jesiden und Christen aus der Türkei, ehemalige DDR-Vertragsarbeitnehmer aus Angola, Mozambique und Vietnam oder jüdischen Zuwanderern aus der ehemaligen Sowjetunion erteilt. Einer Zustimmung der Bundesagentur für Arbeit bedarf es nicht, § 31 Beschäftigungsverordnung (BeschV). Demnach erfolgt auch keine Arbeitsmarktprüfung.

Die **Aufenthaltsgewährung in Härtefällen** gem. § 23a AufenthG berechtigt immer zur Aufnahme einer unselbstständigen Beschäftigung. Einer Zustimmung der Bundesagentur für Arbeit bedarf es nicht, § 31 Beschäftigungsverordnung

(BeschV). Demnach erfolgt auch keine Arbeitsmarktprüfung. Für die Ausübung einer selbstständigen Beschäftigung bedarf es jedoch der Zustimmung der Ausländerbehörde, § 21 Abs. 6 AufenthG.

Eine **Aufenthaltsgewährung zum vorübergehenden Schutz** gem. § 24 AufenthG berechtigt immer zur Aufnahme einer unselbstständigen Beschäftigung. Einer Zustimmung der Bundesagentur für Arbeit bedarf es nicht, § 31 Beschäftigungsverordnung (BeschV). Demnach erfolgt auch keine Arbeitsmarktprüfung. Die Ausübung einer selbstständigen Tätigkeit muss zwar beantragt werden, darf aber nicht versagt werden, § 24 Abs. 6 S. 1 AufenthG.

Asylberechtigte und Migranten, denen die Flüchtlingseigenschaft oder subsidiärer Schutz zuerkannt wurden, haben einen Anspruch auf Erteilung einer **Aufenthaltserlaubnis aus humanitären Gründen** gem. § 25 Abs. 1, 2 AufenthG, die sie zur Ausübung einer selbstständigen oder unselbstständigen Beschäftigung berechtigt, Wird die Aufenthaltserlaubnis aus humanitären Gründen gem. § 25 Abs. 3, 4, 4a, 4b, 5 AufenthG an Migranten erteilt, für die ein Abschiebungsverbot vorliegt (Abs. 3), die nicht vollziehbar ausreisepflichtig sind (Abs. 4), die vollziehbar ausreisepflichtig, aber Opfer einer Straftat sind (Abs. 4a, 4b) oder die vollziehbar ausreisepflichtig sind, deren Ausreise aber rechtlich oder tatsächlich unmöglich ist (Abs. 5), ist eine unselbstständige Beschäftigung stets gestattet. Einer Zustimmung der Bundesagentur für Arbeit bedarf es nicht, § 31 Beschäftigungsverordnung (BeschV). Demnach erfolgt auch keine Arbeitsmarktprüfung. Die Ausübung einer selbstständigen Beschäftigung bedarf aber der Erlaubnis der Ausländerbehörde, § 21 Abs. 6 AufenthG.

Die **Aufenthaltsgewährung bei gut integrierten Jugendlichen und Heranwachsenden** gem. § 25a AufenthG bzw. bei **nachhaltiger Integration** gem. § 25b AufenthG beinhaltet die Berechtigung zur Ausübung von sowohl selbstständiger als auch unselbstständiger Beschäftigung, §§ 25a Abs. 4, 25b Abs. 5 AufenthG. Einer Zustimmung der Bundesagentur für Arbeit bedarf es nicht, § 31 Beschäftigungsverordnung (BeschV). Demnach erfolgt auch keine Arbeitsmarktprüfung.

Aufenthaltserlaubnisse aus familiären Gründen gem. den §§ 27 ff. AufenthG, die für ausländische Familienangehörige von Deutschen (§ 27 AufenthG), ausländische Ehegatten bzw. eingetragene Lebenspartner von Deutschen (§ 30 AufenthG), ausländische Ehegatten nach Aufhebung der ehelichen Ehegemeinschaft (§ 31 AufenthG), minderjährige Kinder von Ausländern (§§ 32–35 AufenthG) und Eltern und sonstige Angehörige von Ausländern (§ 36 AufenthG) erteilt werden, berechtigen stets zur Ausübung selbstständiger und unselbstständiger Beschäftigungen, § 27 Abs. 5 AufenthG. Demnach erfolgt auch keine Arbeitsmarktprüfung.

Die Aufenthaltserlaubnis wegen des **Rechts auf Wiederkehr** gem. § 37 Abs. 1 AufenthG beinhaltet die Erlaubnis, einer selbstständigen oder unselbstständigen Beschäftigung nachzugehen, § 37 Abs. 1 S. 2 AufenthG. Eine Arbeitsmarktprüfung findet nicht statt.

Die Aufenthaltserlaubnis für **ehemalige Deutsche** gem. § 38 AufenthG ermächtigt stets zur Aufnahme einer selbstständigen oder unselbstständigen Beschäftigung, § 38 Abs. 4 S. 1 AufenthG. Eine Arbeitsmarktprüfung findet nicht statt.

3.5   Aufenthaltstitel ohne oder mit eingeschränkter Arbeitsgenehmigung

Ein **Visum** gem. § 6 AufenthG als solches ist zwar ein Aufenthaltstitel, enthält aber als solcher noch keine Arbeitsgenehmigung. Ob dem Inhaber des Visums eine Beschäftigung gestattet ist, richtet sich nach dem Inhalt der Aufenthaltserlaubnis, die sich an das Visum anschließt, Ziff. 6.4.5 Allgemeine Verwaltungsvorschrift zum Aufenthaltsgesetz (AVwV).

Qualifizierten Fachkräften mit deutschem oder gleichwertigem ausländischem Hochschulabschluss kann eine Aufenthaltserlaubnis von bis zu sechs Monaten zur Arbeitsplatzsuche erteilt werden, die allerdings nicht zur Ausübung einer selbstständigen oder unselbstständigen Beschäftigung berechtigt, § 18c Abs. 1 S. 2 AufenthG.

Eine **Aufenthaltserlaubnis für in anderen Mitgliedstaaten der EU langfristig Aufenthaltsberechtigte** gem. § 38a AufenthG berechtigt immer zur Aufnahme einer Ausbildung, § 38a Abs. 3 S. 3 AufenthG. Für die Ausübung unselbstständiger Beschäftigungen im ersten Jahr des Aufenthalts bedarf es der Zustimmung der Bundesagentur für Arbeit, § 38a Abs. 4 S. 1 AufenthG. Eine Arbeitsmarktprüfung wird mithin durchgeführt. Eine selbstständige Beschäftigung kann aber nur ausgeübt werden, wenn die Voraussetzungen der Aufenthaltserlaubnis zur Ausübung einer selbstständigen Tätigkeit gem. § 21 AufenthG erfüllt sind. Andernfalls bedarf die Ausübung einer selbstständigen Beschäftigung im ersten Jahr des Aufenthalts der Zustimmung der Ausländerbehörde.

3.6   Aufenthaltstitel für Ausbildungszwecke

Eine Aufenthaltserlaubnis gem. §§ 16–17a AufenthG berechtigt in der Regel zur Ausübung von Beschäftigungen, die den Ausbildungszweck nicht beeinträchtigen. Hierzu im Einzelnen:

Eine Aufenthaltserlaubnis zu Zwecken des **Studiums, der Teilnahme an Sprachkursen oder des Schulbesuchs** gem. § 16 AufenthG berechtigt neben der Ausübung studentischer Nebentätigkeiten zur Ausübung einer zeitlich eingeschränkten, unselbstständigen Tätigkeit, § 16 Abs. 3 AufenthG. Eine darüber hinausgehende unselbstständige Tätigkeit bedarf der Zustimmung der Arbeitsagentur, die eine Arbeitsmarktprüfung durchführt. Selbstständige Tätigkeiten bedürfen der Erlaubnis der Ausländerbehörde. Besonderheiten gelten bei der Aufenthaltserlaubnis zum Zweck der Studienbewerbung und während des Aufenthalts zu studienvorbereitenden Maßnahmen im ersten Jahr des Aufenthalts, die nicht zur Ausübung einer Beschäftigung berechtigt, § 16 Abs. 1a, 3 S. 2 AufenthG.

Nach Abschluss der Ausbildungsmaßnahme darf bis zum Antritt einer der erworbenen Qualifikation entsprechenden Stelle (für die die Regelungen in §§ 18 ff. AufenthG gelten) eine selbstständige oder unselbstständige Beschäftigung ausgeübt werden, § 16 Abs. 4 S. 2 AufenthG.

Während des Schulbesuchs im Rahmen einer qualifizierten Ausbildung darf einer unselbstständigen Beschäftigung im Umfang von maximal zehn Wochenstunden ausgeübt werden, § 16 Abs. 5a AufenthG. Eine darüber hinausgehende unselbstständige Tätigkeit bedarf der Zustimmung der Arbeitsagentur, die eine Arbeitsmarktprüfung durchführt. Wird nach dem erfolgreichen Abschluss dieser Ausbildung eine Aufenthaltserlaubnis zur Stellensuche erteilt, kann währenddessen jeder selbstständigen oder unselbstständigen Beschäftigung nachgegangen werden, § 16 Abs. 5b S. 2 AufenthG. Die Aufnahme einer der Ausbildung entsprechenden Stelle bedarf allerdings wieder der Zustimmung der Arbeitsagentur, die aber nur eine Gleichwertigkeitsprüfung durchführt. Auf eine Vorrangprüfung wird verzichtet.

Eine Aufenthaltserlaubnis zum Zweck der **betrieblichen Aus- und Weiterbildung** bedarf der Zustimmung der Bundesagentur für Arbeit, es sei denn, dass diese aufgrund einer Rechtsverordnung oder einer zwischenstaatlichen Vereinbarung entbehrlich ist, § 17 Abs. 1 S. 1 AufenthG. Im Fall einer qualifizierten Berufsausbildung darf einer unselbstständigen Beschäftigung im Umfang von maximal zehn Wochenstunden nachgegangen werden, § 17 Abs. 2 AufenthG. Wird nach dem erfolgreichen Abschluss der qualifizierten Berufsausbildung eine Aufenthaltserlaubnis zur Stellensuche erteilt, kann währenddessen jeder selbstständigen oder unselbstständigen Beschäftigung nachgegangen werden, § 17 Abs. 3 S. 2 AufenthG. Die Aufnahme einer der Ausbildung entsprechenden Stelle bedarf allerdings wieder der Zustimmung der Arbeitsagentur, die aber nur eine Gleichwertigkeitsprüfung durchführt. Auf eine Vorrangprüfung wird verzichtet. Durch das Integrationsgesetz wurde die sogenannte „3+2 Regel" eingeführt.

Diese besagt, dass Auszubildende zunächst eine Duldung für die Dauer der Ausbildung – also im Regelfall drei Jahre – erhalten, § 60a Abs. 2 S. 4 AufenthG. Nach dem Abschluss der Ausbildung und beim Vorliegen weiterer Voraussetzungen (direkte Anschlussbeschäftigung, ausreichender Wohnraum, ausreichende Sprachkenntnisse, keine vorsätzliche Täuschung der Ausländerbehörde über aufenthaltsrechtlich relevante Umstände, keine Verzögerung oder Behinderung behördlicher Maßnahmen zur Aufenthaltsbeendigung, keine Unterstützung oder Bezüge zu extremistischen oder terroristischen Organisationen, keine Verurteilung wegen bestimmter Straftaten, Zustimmung der Bundesagentur für Arbeit) wird eine Aufenthaltserlaubnis für zwei Jahre erteilt, § 18a Abs. 1a AufenthG.

Wird eine Aufenthaltserlaubnis zu dem Zweck der **Anerkennung ausländischer Berufsqualifikationen** erteilt, darf der Aufenthaltsberechtigte wöchentlich bis zu zehn Stunden einer unselbstständigen Beschäftigung nachgehen, § 17a Abs. 2 AufenthG. Wurde die ausländische Berufsqualifikation anerkannt und eine Aufenthaltserlaubnis zur Stellensuche erteilt, kann währenddessen jeder selbstständigen oder unselbstständigen Beschäftigung nachgegangen werden, § 17a Abs. 4 S. 2 AufenthG.

3.7   Erlöschen des Aufenthaltstitels

Ein Aufenthaltstitel erlischt nicht nur nach Ablauf seiner Geltungsdauer; zum Erlöschen kommt es auch bei dem Eintritt einer auflösenden Bedingung, der Rücknahme oder des Widerrufs des Aufenthaltstitels, der Ausweisung des Inhabers, der Bekanntgabe einer Abschiebungsanordnung, bei einer nicht nur vorübergehenden Ausreise, bei einer Wiedereinreise nach einem Zeitraum von mehr als sechs Monaten oder nach Ablauf einer von der Ausländerbehörde bestimmten Frist oder in bestimmten Fällen, falls nach Erteilung einer Aufenthaltserlaubnis aus völkerrechtlichen oder humanitären Gründen ein Asylantrag gestellt wird, § 51 Abs. 1 AufenthG. Mit Erlöschen des Aufenthaltstitels entfällt grundsätzlich die damit verknüpfte Berechtigung zur Ausübung einer selbstständigen oder unselbstständigen Beschäftigung.

3.8   Keine Aufenthaltstitel, Erfordernis einer Arbeitsgenehmigung

Neben den vorgenannten Aufenthaltstiteln gibt es diverse, weitere Aufenthaltspapiere. Sie sind zwar keine Aufenthaltstitel, können aber einen Aufenthaltsstatus bzw. einen Aufenthaltstitel fingieren, einen Anspruch auf Erteilung eines

Aufenthaltstitels begründen oder aber die Beantragung einer Arbeitsgenehmigung erforderlich machen. Ob eine – selbstständige oder unselbstständige – Beschäftigung gestattet ist, richtet sich dann nach dem jeweiligen – zum Teil fingierten – Aufenthaltsstatus, dem – zum Teil fingierten oder zu erteilenden – Aufenthaltstitel oder der Arbeitsgenehmigung.

In jedem Fall ergibt sich aus dem jeweiligen Aufenthaltspapier, ob und wie der Inhaber zu der Aufnahme einer Beschäftigung berechtigt ist. In den meisten Fällen ist die Zustimmung der Bundesagentur für Arbeit zur Aufnahme einer Beschäftigung oder Ausbildung erforderlich, in jedem Fall (zu den Ausnahmen vgl. unten Abschn. 3.9) ist aber die Zustimmung der Ausländerbehörde erforderlich.

Eine der **Fiktionsbescheinigungen** gem. § 81 Abs. 5 AufenthG führt dazu, dass ein Ausländer entweder so gestellt wird, als ob sein Aufenthalt erlaubt (Erlaubnisfiktion gem. § 81 Abs. 3 S. 1 AufenthG) bzw. rechtmäßig ist (Duldungsfiktion gem. § 81 Abs. 3 S. 2 AufenthG) oder als ob sein abgelaufener Aufenthaltstitel fortwirkt (Fortwirkungsfiktion gem. § 81 Abs. 4 AufenthG). Die **Erlaubnisfiktion** bewirkt, dass der Aufenthalt eines sich rechtmäßig in Deutschland aufhaltenden, aber nicht über einen Aufenthaltstitel verfügenden Ausländers so lange als erlaubt gilt, bis der beantragte Aufenthaltstitel erteilt wird. Ob in diesem Fall die Ausübung einer Beschäftigung erlaubt ist, richtet sich grundsätzlich danach, ob dies bereits nach seinem bisherigen Aufenthaltsstatus erlaubt war oder nicht. Eine **Duldungsfiktion** führt zur Anwendung der Regelungen, die auch im Falle des Vorliegens einer Duldung gelten würden. Die **Fortwirkungsfiktion** führt dazu, dass der bisherige Aufenthaltstitel mit all seinen Wirkungen so lange fortbesteht, bis die Ausländerbehörde über die Verlängerung des Aufenthaltstitel oder über die Erteilung eines anderen Aufenthaltstitels entschieden hat, Allgemeine Verwaltungsvorschrift 81.4.1.1 zu § 81 AufenthG.

Bei der **Duldung** handelt es sich um die vorübergehende Aussetzung der Abschiebung ausreisepflichtiger Ausländer, § 60a AufenthG. Für die Duldung ist kein fester Zeitraum vorgeschrieben, meist wird sie für einen Zeitraum von drei bis sechs Monaten erteilt. Soweit ein längerer Zeitraum als sechs Monate in Betracht kommt, muss die Ausländerbehörde die Möglichkeit der Erteilung einer Aufenthaltserlaubnis zu prüfen, § 60a Abs. 1 S. 2 AufenthG. Nimmt ein Ausländer, der jünger als 21 Jahre alt ist und nicht aus einem sicheren Herkunftsstaat stammt, eine qualifizierte Berufsausbildung auf, so liegt darin regelmäßig ein dringender persönlicher Grund, wegen dem eine Duldung von einem Jahr erteilt werden soll, die bis zum Abschluss der Berufsausbildung jeweils um ein Jahr verlängert kann, wenn das Ende der Berufsausbildung absehbar ist, § 60a Abs. 2 S. 3–6 AufenthG.

Eine Arbeitsgenehmigung kann erteilt werden, allerdings ist das Zustimmungsverfahren unter Einbeziehung der Bundesagentur für Arbeit durchzuführen, § 32 Abs. 1 S. 2 BeschV. Dies setzt voraus, dass der Migrant nicht mehr dazu verpflichtet ist, in einer Aufnahmeeinrichtung zu wohnen und die Bundesagentur für Arbeit einer Beschäftigung zugestimmt hat oder dass eine Rechtsverordnung (dies ist die Beschäftigungsverordnung) bestimmt, dass er ohne Zustimmung der Bundesagentur für Arbeit einer Beschäftigung nachgehen kann, § 61 Abs. 2 AsylG. Die räumliche Beschränkung eines Asylbewerbers auf eine Aufnahmeeinrichtung erlischt grundsätzlich nach drei Monaten, es sei denn, sie bleibt aus anderen Gründen angeordnet, § 59a AsylG. Dieses absolute Tätigkeitsverbot während der ersten drei Monate des Aufenthalts in Deutschland dient der Vermeidung von Zuständigkeitskonflikten zwischen der Bundesagentur für Arbeit und der Ausländerbehörden. Die Bundesagentur erteilt die Arbeitsgenehmigung erst nach Durchführung einer Vorrangprüfung und der Prüfung der Arbeitsbedingungen, § 61 Abs. 2 AsylG. Die Vorrangprüfung, nicht aber die Prüfung der Beschäftigungsbedingungen, entfällt, falls die Arbeitsgenehmigung einem Naturwissenschaftler, Mathematiker, Ingenieur, Arzt oder einer akademischen oder vergleichbaren Fachkraft der Informations- und Kommunikationstechnologie gem. § 2 Abs. 2 BeschV, für eine qualifizierte Berufsausbildung in einem staatlich anerkannten oder vergleichbar geregelten Ausbildungsberuf gem. § 6 Abs. 1 S. 1 BeschV oder für die betriebliche Aus- und Weiterbildung oder die Anerkennung ausländischer Berufsqualifikationen gem. § 8 BeschV erteilt werden soll, § 32 Abs. 5 Nr. 1 BeschV. Dies gilt unabhängig von der Art des angestrebten Berufs auch nach Ablauf einer 15 monatigen Aufenthaltsdauer, § 32 Abs. 5 Nr. 2 BeschV. Überhaupt keine Zustimmung der Arbeitsagentur ist in den Fällen des § 32 Abs. 2 BeschV erforderlich. Hierbei handelt es sich im Wesentlichen um die Teilnahme an Praktika und Berufsausbildungen, um die Beschäftigung von Hochqualifizierten, Inhabern einer Blauen Karte EU, Absolventen inländischer Hochschulausbildungen, Führungskräfte, Wissenschaftler, Ingenieure und technisches Personal in Forschungs-, Unterrichts- und Entwicklungseinrichtungen, Sprachlehrer an Hochschulen, Lehrkräfte, um die Beschäftigung aus karitativen oder religiösen Gründen, Praktika, Freiwilligendienste, um die Beschäftigung von vortragenden Wissenschaftlern, darbietenden Künstlern, sonstigen Mitwirkenden an Musik- und Kulturdarbietungen, Berufssportler und -trainer, Fotomodelle, Teilnehmer internationaler Sportveranstaltungen, um die Beschäftigung von Verwandten oder Lebenspartnern, die mit dem Arbeitgeber in häuslicher Gemeinschaft leben oder die Beschäftigung nach einem ununterbrochen, vierjährigen erlaubten, geduldeten oder gestatteten Aufenthalt in Deutschland. Unabhängig von der Art der Beschäftigung entfällt die Vorrangprüfung auch dann, wenn die

Tätigkeit nach einem Aufenthalt von mindestens 3 Monaten in einem der 133 Arbeitsagenturbezirke gem. Anlage zu § 32 Abs. 5 S. 3 BeschV ausgeübt werden soll (vgl. zu den Einzelheiten unten 4.2).

Beschäftigungsverordnung (BeschV)
§ 32 Beschäftigung von Personen mit Duldung

(1) Ausländerinnen und Ausländern, die eine Duldung besitzen, kann eine Zustimmung zur Ausübung einer Beschäftigung erteilt werden, wenn sie sich seit drei Monaten erlaubt, geduldet oder mit einer Aufenthaltsgestattung im Bundesgebiet aufhalten. Die §§ 39, 40 Absatz 1 Nummer 1 und Absatz 2 sowie § 41 des Aufenthaltsgesetzes gelten entsprechend.

(2) Keiner Zustimmung bedarf die Erteilung einer Erlaubnis zur Ausübung
1. eines Praktikums nach § 22 Absatz 1 Satz 2 Nummer 1 bis 4 des Mindestlohngesetzes,
2. einer Berufsausbildung in einem staatlich anerkannten oder vergleichbar geregelten Ausbildungsberuf,
3. einer Beschäftigung nach § 2 Absatz 1, § 3 Nummer 1 bis 3, § 5, § 14 Absatz 1, § 15 Nummer 2, § 22 Nummer 3 bis 5 und § 23,
4. einer Beschäftigung von Ehegatten, Lebenspartnern, Verwandten und Verschwägerten ersten Grades eines Arbeitgebers in dessen Betrieb, wenn der Arbeitgeber mit diesen in häuslicher Gemeinschaft lebt oder
5. jeder Beschäftigung nach einem ununterbrochen vierjährigen erlaubten, geduldeten oder gestatteten Aufenthalt im Bundesgebiet.

(3) Die Zustimmung für ein Tätigwerden als Leiharbeitnehmer (§ 1 Absatz 1 des Arbeitnehmerüberlassungsgesetzes) darf nur in den Fällen des Absatzes 5 erteilt werden.

(4) Die Absätze 2 und 3 finden auch Anwendung auf Ausländerinnen und Ausländer mit einer Aufenthaltsgestattung.

(5) Die Zustimmung zur Ausübung einer Beschäftigung wird Ausländerinnen und Ausländern mit einer Duldung oder Aufenthaltsgestattung ohne Vorrangprüfung erteilt, wenn sie
1. eine Beschäftigung nach § 2 Absatz 2, § 6 oder § 8 aufnehmen,
2. sich seit 15 Monaten ununterbrochen erlaubt, geduldet oder mit einer Aufenthaltsgestattung im Bundesgebiet aufhalten oder

> 3. eine Beschäftigung in dem Bezirk einer der in der Anlage zu § 32
> aufgeführten Agenturen für Arbeit ausüben.
>
> http://www.gesetze-im-internet.de/beschv_2013/__32.html

Die Erteilung einer Arbeitsgenehmigung durch die Bundesagentur für Arbeit führt allerdings nicht dazu, dass der Betroffene auch einen Aufenthaltstitel erlangen würde. Ein potenzieller Arbeitgeber muss also vor Aufnahme einer Beschäftigung die Arbeitsgenehmigung des sich bewerbenden Migranten prüfen.

Die **Aufenthaltsgestattung** ist kein Aufenthaltstitel. Sie ist ein gesetzliches Aufenthaltsrecht besonderer Art, das einem Asylsuchenden während der Dauer seines Asylverfahrens das Recht zum Aufenthalt verleiht. Sie wirkt nur deklaratorisch, nicht konstitutiv, d. h. sie gibt nur wieder, dass der Inhaber einen Asylantrag gestellt hat. Die vorstehend dargestellten Regelungen zur Entbehrlichkeit der Vorrangprüfung bzw. gänzlichen Entbehrlichkeit der Zustimmung der Arbeitsagentur im Fall der Duldung gelten auch für Personen mit einer Aufenthaltsgestattung, § 32 Abs. 4, 5 BeschV.

Eine **Bescheinigung über die Meldung als Asylsuchender** („BüMA") wird üblicherweise noch vor Aussprache der Aufenthaltsgestattung ausgestellt. An ihr Vorhandensein werden keine anderen Rechtsfolgen geknüpft als an die Aufenthaltsgestattung.

Bei der **Grenzübertrittsbescheinigung** handelt es sich um eine formlose Bescheinigung, die nur zum Zweck ausgegeben wird, die Ausreise aus Deutschland zu dokumentieren. An sie knüpfen keine aufenthaltsrechtlichen Befugnisse, schon gar nicht solche der Aufnahme einer Beschäftigung.

Asylanerkennung und **Flüchtlingsanerkennung** führen gem. § 60 Abs. 1 AufenthG zu einem Abschiebeverbot und verpflichten zur Erteilung einer Aufenthaltserlaubnis aus humanitären Gründen gem. § 25 Abs. 1, 2 AufenthG, stellen aber selbst noch keine Aufenthaltstitel dar. Aus ihnen ergibt sich demnach auch noch keine Aussage zur Gestattung einer Beschäftigung. Jedoch liegt in diesem Fall eine Erlaubnisfiktion gem. § 81 Abs. 3 S. 1 AufenthG vor, die die Möglichkeit einer Beschäftigung gem. Art. 26 Abs. 1 Qualifikationsrichtlinie 95/2011/EG vorsieht.

Auch bei der **Gewährung subsidiären Schutzes** gem. § 4 AsylG muss eine Aufenthaltserlaubnis erteilt werden, § 25 Abs. 2 AufenthG. Die Gewährung des subsidiären Schutzes selbst ist aber gerade noch kein Aufenthaltstitel. Als Fall der Erlaubnisfiktion gem. § 81 Abs. 3 S. 1 AufenthG besteht aber auch hier die Möglichkeit einer Beschäftigung, Art. 26 Abs. 1 Qualifikationsrichtlinie 95/2011/EG.

3.9   Entbehrlichkeit der Zustimmung der Ausländerbehörde

Grundsätzlich ist für die Aufnahme einer Ausbildung oder Beschäftigung die Zustimmung der Ausländerbehörde – ggf. unter behördeninterner Mitwirkung der Bundesagentur für Arbeit – erforderlich. Hiervon gibt es jedoch Ausnahmen:
Migranten können bzw. müssen nach Aufforderung bereits mit Eintreffen in Deutschland – ohne Berücksichtigung der dreimonatigen Sperre des § 61 Abs. 1 AsylG – **Arbeitsgelegenheiten im Sinne des § 5 AsylbLG** wahrnehmen. Hierbei handelt es sich um Tätigkeiten in Aufnahmeeinrichtungen für Flüchtlinge und sonstigen staatlichen, kommunalen oder gemeinnützigen Einrichtungen sodass die Einzelheiten für Arbeitgeber aus der Privatwirtschaft nicht relevant sind.

Asylbewerberleistungsgesetz (AsylbLG)
§ 5 Arbeitsgelegenheiten

(1) In Aufnahmeeinrichtungen im Sinne des § 44 des Asylgesetzes und in vergleichbaren Einrichtungen sollen Arbeitsgelegenheiten insbesondere zur Aufrechterhaltung und Betreibung der Einrichtung zur Verfügung gestellt werden; von der Bereitstellung dieser Arbeitsgelegenheiten unberührt bleibt die Verpflichtung der Leistungsberechtigten, Tätigkeiten der Selbstversorgung zu erledigen. Im übrigen sollen soweit wie möglich Arbeitsgelegenheiten bei staatlichen, bei kommunalen und bei gemeinnützigen Trägern zur Verfügung gestellt werden, sofern die zu leistende Arbeit sonst nicht, nicht in diesem Umfang oder nicht zu diesem Zeitpunkt verrichtet werden würde.

(2) Für die zu leistende Arbeit nach Absatz 1 Satz 1 erster Halbsatz und Absatz 1 Satz 2 wird eine Aufwandsentschädigung von 80 Cent je Stunde ausgezahlt, soweit der Leistungsberechtigte nicht im Einzelfall höhere notwendige Aufwendungen nachweist, die ihm durch die Wahrnehmung der Arbeitsgelegenheit entstehen.

(3) Die Arbeitsgelegenheit ist zeitlich und räumlich so auszugestalten, daß sie auf zumutbare Weise und zumindest stundenweise ausgeübt werden kann. § 11 Absatz 4 des Zwölften Buches Sozialgesetzbuch gilt entsprechend. Ein sonstiger wichtiger Grund im Sinne von § 11 Absatz 4 Satz 1 Nummer 3 des Zwölften Buches Sozialgesetzbuch kann insbesondere auch dann vorliegen, wenn die oder der Leistungsberechtigte eine Beschäftigung auf dem allgemeinen Arbeitsmarkt, eine Berufsausbildung oder ein Studium aufnimmt oder aufgenommen hat.

(4) Arbeitsfähige, nicht erwerbstätige Leistungsberechtigte, die nicht mehr im schulpflichtigen Alter sind, sind zur Wahrnehmung einer zur Verfügung gestellten Arbeitsgelegenheit verpflichtet. Bei unbegründeter Ablehnung einer solchen Tätigkeit besteht kein Anspruch auf Leistungen nach den §§ 2, 3 und 6; § 1a Absatz 2 Satz 2 bis 4 ist entsprechend anzuwenden. Der Leistungsberechtigte ist vorher entsprechend zu belehren.

(5) Ein Arbeitsverhältnis im Sinne des Arbeitsrechts und ein Beschäftigungsverhältnis im Sinne der gesetzlichen Kranken- und Rentenversicherung werden nicht begründet. § 61 Abs. 1 des Asylgesetzes sowie asyl- und ausländerrechtliche Auflagen über das Verbot und die Beschränkung einer Erwerbstätigkeit stehen einer Tätigkeit nach den Absätzen 1 bis 4 nicht entgegen. Die Vorschriften über den Arbeitsschutz sowie die Grundsätze der Beschränkung der Arbeitnehmerhaftung finden entsprechende Anwendung. http://www.gesetze-im-internet.de/asylblg/__5.html

Diese Tätigkeiten finden in Aufnahmeeinrichtungen, bei staatlichen, kommunalen und gemeinnützigen Trägern statt, werden minimal vergütet und führen nicht zu Ansprüchen in der gesetzlichen Kranken- und Rentenversicherung. Sie bedürfen hierzu weder der Zustimmung der Ausländerbehörde noch der Bundesagentur für Arbeit, die Wahrnehmung einer solchen Arbeitsgelegenheit muss der Ausländerbehörde aber angezeigt werden.

Ferner bedürfen **Hospitationen** nicht der Zustimmung der Ausländerbehörde oder der Bundesagentur für Arbeit. Anders als im Rahmen von Praktika besuchen Hospitanten einen Betrieb nur als Gast, ohne in die betrieblichen Abläufe eingebunden zu werden oder gar Arbeitsleistungen zu erbringen. Hospitationen sind auch nicht anzeigebedürftig. Da die Grenze zwischen Hospitation und zustimmungspflichtigem Praktikum jedoch fließend ist, empfiehlt sich aus Vorsorgegesichtspunkten dennoch die Anzeige bei der zuständigen Ausländerbehörde.

Maßnahmen zur Aktivierung oder beruflichen Eingliederung im Sinne des § 45 SGB III stehen Migranten nach mindestens dreimonatigem Aufenthalt in Deutschland offen. Sinn und Zweck ist es, das Vorliegen berufsfachlicher Kenntnisse zu prüfen und solche Kenntnisse im Bedarfsfall zu vermitteln. Diese Maßnahmen müssen bei der örtlich zuständigen Arbeitsagentur beantragt werden, eine Zustimmung der Ausländerbehörde ist nicht erforderlich. Es handelt sich dabei aber nicht um ein Beschäftigungsverhältnis, sondern um eine Maßnahme der Arbeitsagentur, die betrieblich für eine Maximaldauer von sechs Wochen durchgeführt wird, § 45 Abs. 2 SGB III.

3.10 Sonderfall Leiharbeit

Nach dem Wortlaut des § 40 Abs. 1 Nr. 2 AufenthG ist die Zustimmung zur Ausländerbeschäftigung gem. § 39 AufenthG zu versagen, wenn der betroffene Migrant als Leiharbeitnehmer tätig werden möchte. Dieses Festhalten am Wortlaut führt aber zu unzutreffenden Ergebnissen. Wenn die Ausübung einer Beschäftigung keiner Zustimmung bedarf bzw. einem Migranten die Zustimmung zu erteilen ist, kann der Betroffene auch als Leiharbeitnehmer beschäftigt werden. § 40 Abs. 1 Nr. 2 AufenthG muss deshalb einschränkend auszulegen. So ist z. B. im Fall der Niederlassungserlaubnis gem. § 9 AufenthG, der Daueraufenthaltserlaubnis – EU gem. § 9a AufenthG, nach dem ununterbrochen vierjährigen erlaubten, geduldeten oder gestatteten Aufenthalt im Bundesgebiet gem. § 32 Abs. 2 Nr. 5 BeschV oder beim Vorliegen der Voraussetzungen des § 32 Abs. 5 BeschV (vgl. zur Vorrangprüfung im Rahmen von § 32 Abs. 5 BeschV auch unten 4.2) die Tätigkeit als Leiharbeitnehmer möglich.

3.11 Ausschluss Angehöriger sogenannter sicherer Herkunftsstaaten

Die Mitgliedsstaaten der EU, Albanien, Bosnien und Herzegowina, Ghana, Kosovo, Mazedonien, Montenegro, Senegal und Serbien gelten als sichere Herkunftsstaaten. Eine Einstufung von Algerien, Marokko und Tunesien als ebenfalls sichere Herkunftsstaaten wird derzeit – vorrangig aber wegen der Silvesternacht 2015/2016 in Köln – diskutiert. Diese Entwicklung bleibt zu beobachten. Angehörige sicherer Herkunftsstaaten sind verpflichtet, in Aufnahmeeinrichtungen zu wohnen, § 47 Abs. 1a AsylG. Sie dürfen weder eine Erwerbstätigkeit ausüben noch einer Ausbildung nachgehen, § 61 AsylG. Diese Regelung soll verhindern, dass eine – wahrscheinliche – Abschiebung nicht durch eine Erwerbstätigkeit erschwert wird.

Beteiligung der Bundesagentur für Arbeit

4

4.1 Mitwirkung an Aufenthaltstitel und Arbeitsgenehmigung

Aufenthaltstitel, die einem Ausländer die Ausübung einer Beschäftigung gestatten, wie z. B. die Niederlassungserlaubnis gem. § 9 AufenthG oder die Aufenthaltserlaubnis aus völkerrechtlichen oder dringenden humanitären Gründen gem. § 22 S. 1 AufenthG, können grundsätzlich nur mit der Zustimmung der Bundesagentur für Arbeit erteilt werden, § 39 Abs. 1 S. 1 AufenthG.

Aufenthaltsgesetz (AufenthG)
§ 39 Zustimmung zur Ausländerbeschäftigung

(1) Ein Aufenthaltstitel, der einem Ausländer die Ausübung einer Beschäftigung erlaubt, kann nur mit Zustimmung der Bundesagentur für Arbeit erteilt werden, soweit durch Rechtsverordnung nicht etwas anderes bestimmt ist. Die Zustimmung kann erteilt werden, wenn dies in zwischenstaatlichen Vereinbarungen, durch ein Gesetz oder durch Rechtsverordnung bestimmt ist.

(2) Die Bundesagentur für Arbeit kann der Erteilung einer Aufenthaltserlaubnis zur Ausübung einer Beschäftigung nach § 18 oder einer Blauen Karte EU nach § 19a zustimmen, wenn

    1.a) sich durch die Beschäftigung von Ausländern nachteilige Auswirkungen auf den Arbeitsmarkt, insbesondere hinsichtlich der Beschäftigungsstruktur, der Regionen und der Wirtschaftszweige, nicht ergeben und

---

© Springer Fachmedien Wiesbaden GmbH 2017
C. Gyo, *Beschäftigung von Flüchtlingen, essentials*,
DOI 10.1007/978-3-658-18154-3_4

   b) für die Beschäftigung deutsche Arbeitnehmer sowie Ausländer, die diesen hinsichtlich der Arbeitsaufnahme rechtlich gleichgestellt sind oder andere Ausländer, die nach dem Recht der Europäischen Union einen Anspruch auf vorrangigen Zugang zum Arbeitsmarkt haben, nicht zur Verfügung stehen oder

2. sie durch Prüfung nach Satz 1 Nr. 1 Buchstabe a und b für einzelne Berufsgruppen oder für einzelne Wirtschaftszweige festgestellt hat, dass die Besetzung der offenen Stellen mit ausländischen Bewerbern arbeitsmarkt- und integrationspolitisch verantwortbar ist, und der Ausländer nicht zu ungünstigeren Arbeitsbedingungen als vergleichbare deutsche Arbeitnehmer beschäftigt wird. Für die Beschäftigung stehen deutsche Arbeitnehmer und diesen gleichgestellte Ausländer auch dann zur Verfügung, wenn sie nur mit Förderung der Agentur für Arbeit vermittelt werden können. Der Arbeitgeber, bei dem ein Ausländer beschäftigt werden soll, der dafür eine Zustimmung benötigt, hat der Bundesagentur für Arbeit Auskunft über Arbeitsentgelt, Arbeitszeiten und sonstige Arbeitsbedingungen zu erteilen.

(3) Absatz 2 gilt auch, wenn bei Aufenthalten zu anderen Zwecken nach den Abschnitten 3, 5 oder 7 eine Zustimmung der Bundesagentur für Arbeit zur Ausübung einer Beschäftigung erforderlich ist.

(4) Die Zustimmung kann die Dauer und die berufliche Tätigkeit festlegen sowie die Beschäftigung auf bestimmte Betriebe oder Bezirke beschränken.

(5) Die Bundesagentur für Arbeit kann der Erteilung einer Niederlassungserlaubnis nach § 19 zustimmen, wenn sich durch die Beschäftigung des Ausländers nachteilige Auswirkungen auf den Arbeitsmarkt nicht ergeben.

http://www.gesetze-im-internet.de/aufenthg_2004/__39.html

In Fällen, in denen kein Aufenthaltstitel vorliegt, an dessen Erlass die Bundesagentur für Arbeit hätte mitwirken können, also beispielsweise bei der Aufenthaltsgestattung oder Duldung, erteilt die Ausländerbehörde in behördeninterner Zusammenarbeit mit der Bundesagentur für Arbeit eine Arbeitsgenehmigung.

4.2 Zustimmungsverfahren

Die Zustimmung der Bundesagentur für Arbeit zur Erteilung eines Aufenthaltstitels richtet sich nach den §§ 39–42 AufenthG in direkter Anwendung. Für Fälle, in denen lediglich eine Arbeitsgenehmigung erteilt wird, verweisen § 61 Abs. 2 S. 3 AsylG bzw. § 32 Abs. 1 S. 2 BeschV auf die Anwendung der §§ 39–42 AufenthG. Von wesentlicher Bedeutung ist dabei die Regelung des § 39 Abs. 2 AufenthG, die die Prüfung des Vorrangs und der Beschäftigungsbedingungen anordnet.

Im Rahmen der **Vorrangprüfung** gem. § 32 Abs. 5 BeschV untersucht die Zentrale Auslands- und Fachvermittlung (ZAV) bei der Bundesagentur für Arbeit ob für eine konkrete Stelle Bewerber aus Deutschland, der EU oder Ausländer mit dauerhaftem Aufenthaltsstatus vorrangig zu berücksichtigen sind – hierzu reicht bereits eine theoretische Besetzungsmöglichkeit – und ob die Einstellung eines Migranten negative Auswirkungen auf den Arbeitsmarkt erwarten lässt. Dieses Instrument ist nach der hier vertretenen Ansicht fragwürdig. Die Entscheidung, eine vakante Stelle mit einem Migranten zu besetzen, der weder Deutscher, EU-Ausländer oder dauerhaft Aufenthaltsberechtigter ist, ist am zweckmäßigsten durch den Arbeitgeber und nicht durch eine Behörde zu treffen. Davon abgesehen kann diese Entscheidung als Betätigung der durch Art. 12 und 14 GG geschützten Unternehmerfreiheit bestenfalls der Kontrolle auf offensichtlichen Missbrauch unterliegen. Demnach ist die Entscheidung des Verordnungsgebers, im Rahmen der Umsetzung des Integrationsgesetzes die Vorrangprüfung einzuschränken, grundsätzlich zu begrüßen. Es wäre allerdings wünschenswert gewesen, die Vorrangprüfung nicht lediglich auf 3 Jahre befristet auszusetzen, sondern dauerhaft abzuschaffen. Ferner wäre es sinnvoll gewesen, darauf zu verzichten, 11 Arbeitsagenturbezirke in Bayern (Aschaffenburg, Bayreuth-Hof, Bamberg-Coburg, Fürth, Nürnberg, Schweinfurt, Weiden, Augsburg, München, Passau, und Traunstein), das Ruhrgebiet (Bochum, Dortmund, Duisburg, Essen, Gelsenkirchen, Oberhausen und Recklinghausen) sowie ganz Mecklenburg-Vorpommern von der Aussetzung der Vorrangprüfung auszunehmen. Gerade die Ausnahmen in Bayern und Mecklenburg-Vorpommern – das sich seinerzeit im Wahlkampf befand – dürften ausschließlich politisch motiviert gewesen sein.

Die **Prüfung der Beschäftigungsbedingungen** soll sicherstellen, dass die Zwangslage von Ausländern nicht dadurch ausgenutzt wird, dass sie zu schlechteren Bedingungen beschäftigt werden als vergleichbare, deutsche Arbeitnehmer. In einigen Fällen, wie z. B. im Falle des § 32 Abs. 5 Nr. 1 BeschV (vgl. hierzu oben unter 2.8) findet zwar keine Vorrangprüfung statt, dennoch werden aber die Beschäftigungsbedingungen geprüft.

Je nach Erforderlichkeit kann die Zustimmung auch mit Einschränkungen hinsichtlich der Dauer, der Art der auszuübenden Tätigkeit und des betrieblichen und räumlichen Bereichs erfolgen, § 39 Abs. 4 AufenthG.

Durchführung des Beschäftigungsverhältnisses

5

Grundsätzlich wird bei der Durchführung eines Ausbildungs- oder Beschäftigungsverhältnisses schon wegen der Konkretisierung des verfassungsrechtlichen Gleichbehandlungsgrundsatzes des Art. 3 GG in §§ 1 ff. AGG unter anderem nicht nach der Herkunft, der Religion, der Weltanschauung oder der sogenannten „Rasse" differenziert. Gleichwohl bestehen schon wegen der vorstehend dargestellten Besonderheiten des Aufenthalts- und Arbeitsgenehmigungsrechts Abweichungen zur Ausbildung und Beschäftigung deutscher Staatsangehöriger. Es kommt hinzu, dass die Beschäftigung von Migranten aus nicht christlich geprägten Ländern zu der Zunahme der Konflikte über Bekleidungsvorschriften, Gebetspausen etc. führt. Diese Konflikte bestehen bereits jetzt, die durch die Migration einsetzende Zunahme von Arbeitnehmern, die z. B. nicht den christlichen Mehrheitsreligionen angehören, wird diese Konflikte aber vermerkt ins Blickfeld der Öffentlichkeit führen. Ferner müssen Ausbilder bzw. Arbeitgeber in gewisser Hinsicht Rücksicht auf die Bedürfnisse derjenigen Arbeitnehmer nehmen, die oder die der deutschen Sprache nicht ausreichend mächtig sind.

5.1 Vor Beginn der Beschäftigung

Vor Aufnahme einer Beschäftigung ist in **faktischer Hinsicht** zu prüfen, ob der Betroffene überhaupt das Stellenanforderungsprofil erfüllt oder ob noch eine Nachqualifikation erforderlich ist. Zunächst geht es einmal um ausreichende Sprachkenntnisse, außerdem aber um die berufliche Qualifikation. Selbsteinschätzungen des Betroffenen zu seiner beruflichen Qualifikation sind wegen dessen regelmäßig fehlender Kenntnis des deutschen Ausbildungssystems und der tatsächlichen Anforderungen des konkreten Arbeitsplatzes nicht verlässlich. Ausländische Ausbildungs- oder Studienabschlüsse sind – sofern sie überhaupt mit

© Springer Fachmedien Wiesbaden GmbH 2017
C. Gyo, *Beschäftigung von Flüchtlingen*, essentials,
DOI 10.1007/978-3-658-18154-3_5

entsprechenden Unterlagen nachweisbar sind – wegen inhaltlicher Unterschiede
der jeweiligen Ausbildungs- oder Studienordnungen selten mit inländischen
Abschlüssen vergleichbar. Aus diesem Grund sollte sich der Betroffene frühzei-
tig um die Übersetzung seiner Ausbildungszeugnisse und um deren Anerkennung bemühen. Die für die Anerkennung von Schul-, Hochschulabschlüssen und
Berufsexamina zuständige Stelle ist die bei der Kultusministerkonferenz angesie-
delte Zentralstelle für ausländisches Bildungswesen (ZAB). Für Migranten, die
ihre Hochschulausbildung noch nicht abgeschlossen haben, bieten Universitä-
ten wie z. B. die Frankfurter Goethe Universität, Hochschulgemeinden, Stiftun-
gen etc. vielgestaltige Hilfestellungen wie z. B. die Teilnahme an Sprachkursen,
Propädeutika, Zugang zu Hochschulrechenzentren, Bibliotheken, Nahverkehrsti-
ckets, Mensen, psychosozialen Beratungsstellen usw.

Geht es um die Anerkennung von Abschlusszeugnissen staatlich anerkann-
ter Ausbildungsberufe aus den Bereichen Industrie, Handel und Dienstleistung,
sind die örtlich zuständigen Industrie- und Handelskammern zu konsultieren, § 8
Abs. 1 S. 1 BQFG. Geht es um die Anerkennung von Ausbildungszeugnissen in
Handwerksberufen, muss sich der Betroffene an die örtlich zuständige Hand-
werkskammer wenden, § 8 Abs. 1 S. 2 BQFG. Sollten im Rahmen des Anerken-
nungsverfahrens Defizite zutage gefördert werden, besteht die Möglichkeit, die
im Rahmen des Förderprogramms IQ der Bundesagentur für Arbeit angebotene
Anerkennungs- und Qualifizierungsberatung in Anspruch zu nehmen und ggf.
Maßnahmen der Ergänzungsqualifizierung in Anspruch zu nehmen.

In **rechtlicher Hinsicht** ist der Arbeitgeber dazu verpflichtet, die Aufenthaltserlaubnis und Arbeitsgenehmigung des Kandidaten zu prüfen, § 4 Abs. 3 S. 4
AufenthG. Aus diesen ergibt sich jeweils, welche Art von Beschäftigung der
Inhaber ausüben darf und ob diese Gestattung befristet oder unbefristet ist. Sofern
der Betroffene keiner Beschäftigung nachgehen darf, ist zumindest eine **Hospitation** zulässig, in deren Rahmen allerdings keine Arbeitsleistung von wirtschaftli-
chem Wert erbracht werden darf. Es geht bei einer Hospitation eher um eine Art
„Einfühlung" in betriebliche Abläufe, für die auch keine Vergütung gezahlt werden darf. Der Arbeitgeber kann sich aber nicht auf den Inhalt von Aufenthaltserlaubnis und Arbeitsgenehmigung allein verlassen, er sollte sicherheitshalber auch
überprüfen, ob der Kandidat aus einem sicheren Herkunftsstaat kommt und schon
alleine aus diesem Grund keiner Beschäftigung nachgehen darf (vgl. oben 3.11).
Für die Dauer der Beschäftigung oder Ausbildung muss der Arbeitgeber Kopien
der Aufenthaltserlaubnis und Arbeitsgenehmigung in schriftlicher oder elektronischer Form aufbewahren, § 4 Abs. 3 S. 5 AufenthG. Wegen etwaiger Befristungen des Aufenthaltsstatus oder einer Arbeitsgenehmigung ist dringend anzuraten,

diesbezüglich einen Wiedervorlagerhythmus einzuhalten. Dies soll nicht nur die
Rechtssicherheit etwaiger Befristungen des Beschäftigungsverhältnisses gewähren, sondern dient vor allem der **Vermeidung von Ordnungswidrigkeiten
und Straftaten** durch den Arbeitgeber. Beschäftigt ein Arbeitgeber nämlich
einen Ausländer, ohne dass dieser zur Ausübung einer Beschäftigung berechtigt ist, begeht der Arbeitgeber hierdurch eine Ordnungswidrigkeit, § 404 Abs.
2 S. 3 SGB III. Diese kann mit einer Geldbuße in Höhe von bis 500.000 EUR
geahndet werden, § 404 Abs. 3 SGB III. Derart hohe Geldbußen werden jedoch
nicht im Fall eines ersten Verstoßes verhängt, sondern als letztes Mittel, wenn
sich der betroffene Arbeitgeber durch eine Mehrzahl nicht nur geringfügiger Ver-
stöße als unbelehrbar erwiesen hat. Erfolgt die Beschäftigung eines Migranten,
ohne dass dieser zum Aufenthalt oder zur Ausübung einer Beschäftigung berechtigt ist, allerdings vorsätzlich zu auffällig schlechteren Bedingungen als sie für
vergleichbare deutsche Arbeitnehmer gelten, besteht sogar das Risiko der Straf-
barkeit gem. § 10 SchwarzArbG, die in besonders schweren Fällen mit Freiheitsstrafe bis zu fünf Jahren geahndet werden kann. Durch diese hohe Strafandrohung
sollen – mangels ausreichender Erlaubnis – besonders schutzbedürftige Migranten vor Ausbeutung geschützt werden.

Schwarzarbeitsbekämpfungsgesetz (SchwarzArbG)
**§ 10 Beschäftigung von Ausländern ohne Genehmigung oder ohne Auf-
enthaltstitel und zu ungünstigen Arbeitsbedingungen**

(1) Wer vorsätzlich eine in § 404 Abs. 2 Nr. 3 des Dritten Buches Sozialgesetzbuch bezeichnete Handlung begeht und den Ausländer zu
Arbeitsbedingungen beschäftigt, die in einem auffälligen Missverhält-
nis zu den Arbeitsbedingungen deutscher Arbeitnehmer und Arbeit-
nehmerinnen stehen, die die gleiche oder eine vergleichbare Tätigkeit
ausüben, wird mit Freiheitsstrafe bis zu drei Jahren oder mit Geldstrafe
bestraft.

(2) In besonders schweren Fällen des Absatzes 1 ist die Strafe Freiheitsstrafe von sechs Monaten bis zu fünf Jahren. Ein besonders schwerer
Fall liegt in der Regel vor, wenn der Täter gewerbsmäßig oder aus grobem Eigennutz handelt.

http://www.gesetze-im-internet.de/schwarzarbg_2004/__10.html

Die Beschäftigung einer größeren Zahl von nicht zum Aufenthalt oder zur Aus-übung einer Beschäftigung berechtigten Migranten oder von minderjährigen Mig-ranten ist ebenfalls eine Straftat, die mit einer Freiheitsstrafe von bis zu maximal drei Jahren geahndet werden kann, § 11 SchwarzArbG.

Schwarzarbeitsbekämpfungsgesetz (SchwarzArbG)
§ 11 Erwerbstätigkeit von Ausländern ohne Genehmigung oder ohne Aufenthaltstitel in größerem Umfang oder von minderjährigen Auslän-dern

(1) Wer
1. gleichzeitig mehr als fünf Ausländer entgegen § 284 Abs. 1 des Dritten Buches Sozialgesetzbuch beschäftigt oder entgegen § 4 Abs. 3 Satz 2 des Aufenthaltsgesetzes beschäftigt oder mit Dienst- oder Werkleistungen beauftragt,
2. eine in
   a) § 404 Abs. 2 Nr. 3 des Dritten Buches Sozialgesetzbuch,
   b) § 404 Abs. 2 Nr. 4 des Dritten Buches Sozialgesetzbuch,
   c) § 98 Abs. 2a des Aufenthaltsgesetzes oder
   d) § 98 Abs. 3 Nr. 1 des Aufenthaltsgesetzes
   bezeichnete vorsätzliche Handlung beharrlich wiederholt oder
3. entgegen § 4 Absatz 3 Satz 2 des Aufenthaltsgesetzes eine Person unter 18 Jahren beschäftigt,
   wird mit Freiheitsstrafe bis zu einem Jahr oder mit Geldstrafe bestraft.
2) Handelt der Täter in den Fällen des Absatzes 1 Nummer 1, Nummer 2 Buchstabe a oder Buchstabe c oder Nummer 3 aus grobem Eigennutz, ist die Strafe Freiheitsstrafe bis zu drei Jahren oder Geldstrafe.

http://www.gesetze-im-internet.de/schwarzarbg_2004/__11.html

Die Sanktionen für die unerlaubte Beschäftigung von Migranten erschöpfen sich nicht in der Verhängung von Bußgeldern, Geldstrafen oder gar Freiheitsstrafen. Unternehmer riskieren zudem den **Ausschluss von der Gewährung von Subven-tionen, § 98b AufenthG.**

Aufenthaltsgesetz (AufenthG)
§ 98b Ausschluss von Subventionen

(1) Die zuständige Behörde kann Anträge auf Subventionen im Sinne des § 264 des Strafgesetzbuches ganz oder teilweise ablehnen, wenn der Antragsteller oder dessen nach Satzung oder Gesetz Vertretungsberechtigter

1. nach § 404 Absatz 2 Nummer 3 des Dritten Buches Sozialgesetzbuch mit einer Geldbuße von wenigstens Zweitausendfünfhundert Euro rechtskräftig belegt worden ist oder
2. nach den §§ 10, 10a oder 11 des Schwarzarbeitsbekämpfungsgesetzes zu einer Freiheitsstrafe von mehr als drei Monaten oder einer Geldstrafe von mehr als 90 Tagessätzen rechtskräftig verurteilt worden ist.

Ablehnungen nach Satz 1 können je nach Schwere des der Geldbuße oder der Freiheits- oder der Geldstrafe zugrunde liegenden Verstoßes in einem Zeitraum von bis zu fünf Jahren ab Rechtskraft der Geldbuße, der Freiheits- oder der Geldstrafe erfolgen.

(2) Absatz 1 gilt nicht, wenn

1. auf die beantragte Subvention ein Rechtsanspruch besteht,
2. der Antragsteller eine natürliche Person ist und die Beschäftigung, durch die der Verstoß nach Absatz 1 Satz 1 begangen wurde, seinen privaten Zwecken diente, oder
3. der Verstoß nach Absatz 1 Satz 1 darin bestand, dass ein Unionsbürger rechtswidrig beschäftigt wurde.

http://www.gesetze-im-internet.de/aufenthg_2004/__98b.html

Je nach Branche kann die Möglichkeit, gem. § 98c AufenthG die unerlaubte Beschäftigung von Migranten durch den **Ausschluss von der Vergabe öffentlicher Aufträge** zu sanktionieren, existenzbedrohend wirken.

Aufenthaltsgesetz (AufenthG)
§ 98c Ausschluss von der Vergabe öffentlicher Aufträge

(1) Öffentliche Auftraggeber nach § 99 des Gesetzes gegen Wettbewerbsbeschränkungen können einen Bewerber oder einen Bieter vom Wettbewerb um einen Liefer-, Bau- oder Dienstleistungsauftrag ausschließen, wenn dieser oder dessen nach Satzung oder Gesetz Vertretungsberechtigter
   1. nach § 404 Absatz 2 Nummer 3 des Dritten Buches Sozialgesetzbuch mit einer Geldbuße von wenigstens Zweitausendfünfhundert Euro rechtskräftig belegt worden ist oder
   2. nach den §§ 10, 10a oder 11 des Schwarzarbeitsbekämpfungsgesetzes zu einer Freiheitsstrafe von mehr als drei Monaten oder einer Geldstrafe von mehr als 90 Tagessätzen rechtskräftig verurteilt worden ist.
   Ausschlüsse nach Satz 1 können bis zur nachgewiesenen Wiederherstellung der Zuverlässigkeit, je nach Schwere des der Geldbuße, der Freiheits- oder der Geldstrafe zugrunde liegenden Verstoßes in einem Zeitraum von bis zu fünf Jahren ab Rechtskraft der Geldbuße, der Freiheits- oder der Geldstrafe erfolgen.
(2) Absatz 1 gilt nicht, wenn der Verstoß nach Absatz 1 Satz 1 darin bestand, dass ein Unionsbürger rechtswidrig beschäftigt wurde.
(3) Macht ein öffentlicher Auftraggeber von der Möglichkeit nach Absatz 1 Gebrauch, gilt § 21 Absatz 2 bis 5 des Arbeitnehmer-Entsendegesetzes entsprechend.

http://www.gesetze-im-internet.de/aufenthg_2004/__98c.html

Sanktionen sind aber nicht nur auf Unternehmer beschränkt, die Migranten unerlaubt beschäftigen. Durch das Institut der **Auftraggeberhaftung gem. § 98a AufenthG** besteht die Möglichkeit, Auftraggeber von Unternehmen, die illegal beschäftigten Migranten nicht die übliche Vergütung zahlen, zur Leistung dieser Vergütung heranzuziehen, § 98a Abs. 3, 4 AufenthG.

Aufenthaltsgesetz (AufenthG)
§ 98a Vergütung

(1) Der Arbeitgeber ist verpflichtet, dem Ausländer, den er ohne die nach § 284 Absatz 1 des Dritten Buches Sozialgesetzbuch erforderliche Genehmigung oder ohne die nach § 4 Absatz 3 erforderliche Berechtigung zur Erwerbstätigkeit beschäftigt hat, die vereinbarte Vergütung zu zahlen. Für die Vergütung wird vermutet, dass der Arbeitgeber den Ausländer drei Monate beschäftigt hat.

(2) Als vereinbarte Vergütung ist die übliche Vergütung anzusehen, es sei denn, der Arbeitgeber hat mit dem Ausländer zulässigerweise eine geringere oder eine höhere Vergütung vereinbart.

(3) Ein Unternehmer, der einen anderen Unternehmer mit der Erbringung von Werk- oder Dienstleistungen beauftragt, haftet für die Erfüllung der Verpflichtung dieses Unternehmers nach Absatz 1 wie ein Bürge, der auf die Einrede der Vorausklage verzichtet hat.

(4) Für den Generalunternehmer und alle zwischengeschalteten Unternehmer ohne unmittelbare vertragliche Beziehung zu dem Arbeitgeber gilt Absatz 3 entsprechend, es sei denn, dem Generalunternehmer oder dem zwischengeschalteten Unternehmer war nicht bekannt, dass der Arbeitgeber Ausländer ohne die nach § 284 Absatz 1 des Dritten Buches Sozialgesetzbuch erforderliche Genehmigung oder ohne die nach § 4 Absatz 3 erforderliche Berechtigung zur Erwerbstätigkeit beschäftigt hat.

(5) Die Haftung nach den Absätzen 3 und 4 entfällt, wenn der Unternehmer nachweist, dass er auf Grund sorgfältiger Prüfung davon ausgehen konnte, dass der Arbeitgeber keine Ausländer ohne die nach § 284 Absatz 1 des Dritten Buches Sozialgesetzbuch erforderliche Genehmigung oder ohne die nach § 4 Absatz 3 erforderliche Berechtigung zur Erwerbstätigkeit beschäftigt hat.

(6) Ein Ausländer, der im Geltungsbereich dieses Gesetzes ohne die nach § 284 Absatz 1 des Dritten Buches Sozialgesetzbuch erforderliche Genehmigung oder ohne die nach § 4 Absatz 3 erforderliche Berechtigung zur Erwerbstätigkeit beschäftigt worden ist, kann Klage auf Erfüllung der Zahlungsverpflichtungen nach Absatz 3 und 4 auch vor einem deutschen Gericht für Arbeitssachen erheben.

(7) Die Vorschriften des Arbeitnehmer-Entsendegesetzes bleiben unberührt.

http://www.gesetze-im-internet.de/aufenthg_2004/__98a.html

Der Unternehmer haftet in diesem Fall wie ein Bürge, der auf die Einrede der Vorausklage verzichtet hat. Dies bedeutet, dass der Unternehmer dem zu niedrig bezahlten Migranten genauso haftet, wie der den Migranten unerlaubt beschäftigende Arbeitgeber. Vor dieser weitgehenden Haftung kann sich der Auftraggeber nur durch sorgfältige Überprüfung des von ihm beauftragten Unternehmers schützen. Das Prüfprogramm und die Prüfintensität richten sich nach den Umständen des Einzelfalls. In neuralgischen Branchen wie z. B. dem Baugewerbe sind die Anforderungen höher als in eher unverfänglichen Branchen wie z. B. dem Verlagswesen. Daneben kommt es darauf an, wie einfach oder schwer sich der Auftraggeber von einer etwaigen illegalen Beschäftigung von Migranten überzeugen konnte; ob sich z. B. Indizien für die illegale Beschäftigung von Migranten geradezu aufgedrängt haben (Bergmann und Dienelt 2016, § 98a AufenthG Rn. 14). Einem Auftraggeber ist daher geraten, sich nur dann auf schriftliche Zusicherungen des Unternehmers zu verlassen, wenn ein Kontroll- und Aufsichtsmechanismus für diese Zusicherungen besteht. Idealerweise führt der Auftraggeber regelmäßig eigene Nachforschungen und Stichproben bei dem beauftragen Unternehmer durch (Bergmann und Dienelt 2016, § 98a AufenthG Rn. 14). In der Praxis kommt es aber nur selten zur unerlaubten Beschäftigung von Migranten. Entgegenstehende Meldungen beruhen auf in hohem Maße angreifbaren Methoden (vgl. z. B. DIE ZEIT vom 15.09.2016).

Für die Anbahnung eines Beschäftigungs- oder Ausbildungsverhältnisses ist das Vorhandensein eines Aufenthaltstitels oder einer Arbeitsgenehmigung allerdings noch nicht erforderlich.

Dem Arbeitgeber bzw. Ausbilder steht ein **Fragerecht** nach dem Vorliegen ausreichender Sprachkenntnisse und dem Vorhandensein eines Aufenthaltstitels oder einer Arbeitsgenehmigung zu. Zudem obliegt dem Migranten eine **Offenbarungspflicht** über das etwaige Fehlen eines Aufenthaltstitels oder einer Arbeitsgenehmigung.

Es ist zwar nicht erforderlich, dem Migranten eine **Übersetzung des Arbeitsvertrags** in die von dem Migranten beherrschte Sprache auszuhändigen. Es empfiehlt sich aber, dem der deutschen Sprache nicht mächtigen Migranten vor Vertragsschluss etwas Bedenkzeit einzuräumen, die er dann auch dazu verwenden kann, sich den Vertragsentwurf in die von ihm beherrschte Sprache übersetzen zu lassen.

Allein der Umstand, dass ein Arbeits- oder Ausbildungsverhältnis statt mit einem Deutschen oder EU-Bürger mit einem Migranten begründet wird, ist noch kein Anlass, das Vertragsverhältnis unter eine andere als die deutsche Rechtsordnung zu stellen. Eine solche **Rechtswahl** würde ohnehin regelmäßig daran scheitern, dass zwingende Vorschriften zum Beschäftigtenschutz umgangen würden.

In **kollektivrechtlicher Hinsicht** ist zu beachten, dass ein im Unternehmen bestehender Betriebsrat die Zustimmung zur der Einstellung eines nicht mit einem Aufenthaltstitel oder einer Arbeitsgenehmigung ausgestatteten Migranten verweigern kann, § 99 Abs. 2 Ziff. 1 BetrVG. Für den Fall, dass der Betriebsrat die Zustimmung zu der Einstellung verweigert, kann die Ersetzung der Zustimmung durch das Arbeitsgericht beantragt werden. Dieser Rechtsbehelf ist aber nur theoretischer Natur. Erstens wären dessen Erfolgsaussichten regelmäßig gering. Zweitens kommt dieser Rechtsbehelf wegen des Risikos, durch die Beschäftigung eines nicht mit einem Aufenthaltstitel oder einer Arbeitsgenehmigung ausgestatteten Migranten eine Ordnungswidrigkeit oder Straftat zu begehen, nicht in Betracht.

5.2 Fördermöglichkeiten

Aufgrund der durch das Integrationsgesetz eingeführten Neuerungen steht Inhabern einer Aufenthaltsgestattung, bei denen ein rechtmäßiger und dauerhafter Aufenthalt zu erwarten ist, der Zugang zur **Ausbildungsförderung** zu. Ein rechtmäßiger und dauerhafter Aufenthalt ist derzeit nur bei Migranten aus Eritrea, Irak, Iran und Syrien zu erwarten. Diesen Migranten kann nach einer Aufenthaltsdauer von 3 Monaten die Möglichkeit eingeräumt werden, an **berufsvorbereitenden Bildungsmaßnahmen** gem. § 51 SGB III teilzunehmen. Dabei handelt es sich um Maßnahmen, die Kenntnisse und Fähigkeiten vermitteln, die für eine sich an die Maßnahme anschließende Berufsausbildung erforderlich sind. Solche Maßnahmen sind z. B. Sprach- und Integrationskurse aber auch Mischformen aus Unterricht und Praktika. Zudem können **ausbildungsbegleitende Hilfen** gem. § 75 SGB III gewährt werden. Dies sind z. B. Maßnahmen zum Abbau von Sprach- und Bildungsdefiziten, zur Förderung fachpraktischer und fachtheoretischer Fertigkeiten, Kenntnisse und Fähigkeiten und zur sozialpädagogischen Begleitung. Schließlich besteht die Möglichkeit der **assistierten Ausbildung** gem. § 130 SGB III, die ähnliche Maßnahmen vorsieht. Bei den vorgenannten Fördermöglichkeiten handelt es sich um Ermessensansprüche.

Nach einer Aufenthaltsdauer von 15 Monaten besteht ein Anspruch auf **Berufsausbildungshilfe** gem. § 56 SGB III bzw. **Ausbildungsgeld** gem. § 122 SGB III.

§ 132 Sonderregelung für die Ausbildungsförderung von Ausländerinnen und Ausländern

(1) Ausländerinnen und Ausländer, bei denen ein rechtmäßiger und dauerhafter Aufenthalt zu erwarten ist, gehören nach Maßgabe der folgenden Sätze zum förderungsfähigen Personenkreis nach § 59 für Leistungen

1. nach den §§ 51, 75 und 130, wenn ihr Aufenthalt seit mindestens drei Monaten gestattet ist, und
2. nach den §§ 56 und 122, wenn ihr Aufenthalt seit mindestens 15 Monaten gestattet ist.

Bei einer Asylbewerberin oder einem Asylbewerber, die oder der aus einem sicheren Herkunftsstaat nach § 29a des Asylgesetzes stammt, wird vermutet, dass ein rechtmäßiger und dauerhafter Aufenthalt nicht zu erwarten ist. Die oder der Auszubildende wird bei einer Berufsausbildung ergänzend zu § 60 Absatz 1 Nummer 1 nur mit Berufsausbildungsbeihilfe gefördert, wenn sie oder er nicht in einer Aufnahmeeinrichtung wohnt. Eine Förderung mit einer berufsvorbereitenden Bildungsmaßnahme setzt ergänzend zu § 52 voraus, dass die Kenntnisse der deutschen Sprache einen erfolgreichen Übergang in eine Berufsausbildung erwarten lassen.

(2) Geduldete Ausländerinnen und Ausländer (§ 60a des Aufenthaltsgesetzes) gehören zum förderungsfähigen Personenkreis nach § 59 für Leistungen

1. nach den §§ 75 und 130 Absatz 1 Satz 1, wenn sie sich seit mindestens zwölf Monaten ununterbrochen rechtmäßig, gestattet oder geduldet im Bundesgebiet aufhalten; dies gilt auch für außerhalb einer betrieblichen Berufsausbildung liegende, in § 75 Absatz 2 genannte Phasen, und
2. nach den §§ 51, 56 und 122, wenn sie sich seit mindestens sechs Jahren ununterbrochen rechtmäßig, gestattet oder geduldet im Bundesgebiet aufhalten und kein Beschäftigungsverbot nach § 60a Absatz 6 des Aufenthaltsgesetzes besteht.

(3) Ausländerinnen und Ausländer, die eine Aufenthaltserlaubnis nach § 25 Absatz 3, Absatz 4 Satz 2 oder Absatz 5, § 31 des Aufenthaltsgesetzes oder als Ehefrau oder Ehemann oder Lebenspartnerin oder Lebenspartner oder Kind einer Ausländerin oder eines Ausländers mit Aufenthaltserlaubnis eine Aufenthaltserlaubnis nach § 30 oder den

§§ 32 bis 34 des Aufenthaltsgesetzes besitzen, gehören zum förderungsfähigen Personenkreis nach § 59 für Leistungen nach den §§ 56, 75, 122 und 130, wenn sie sich seit mindestens drei Monaten ununterbrochen rechtmäßig, gestattet oder geduldet im Bundesgebiet aufhalten.

(4) Die Sonderregelung gilt für
1. Maßnahmen, die bis zum 31. Dezember 2018 beginnen, und
2. Berufsausbildungsbeihilfe oder Ausbildungsgeld, wenn diese oder dieses vor dem 31. Dezember 2018 beantragt wird und die weiteren Anspruchsvoraussetzungen zu diesem Zeitpunkt erfüllt sind.

(5) Findet während der Leistung ein Wechsel des Aufenthaltsstatus statt, ohne dass ein Beschäftigungsverbot vorliegt, kann eine einmal begonnene Förderung zu Ende geführt werden. Die Teilnahme an einer Förderung steht der Abschiebung nicht entgegen.

https://www.gesetze-im-internet.de/sgb_3/__132.html

Inhaber einer Aufenthaltsgestattung, bei denen ein rechtmäßiger und dauerhafter Aufenthalt zu erwarten ist, können zudem an dem **EMS-BAMF-Programm** teilnehmen, das die Vermittlung berufsbezogener Deutschkenntnisse bezweckt.

Als Ermessenleistung der Arbeitsagenturen werden finanzielle Unterstützungen für die **Einstiegsqualifizierung** von Migranten gem. § 54a SGB III gewährt. Dies ist z. B. der Fall bei Migranten mit Sprach- und Bildungsdefiziten, also regelmäßig. Während der Dauer der Einstiegsqualifizierung muss kein Mindestlohn gezahlt werden.

Die Arbeitsagenturen können im Wege der Ermessensentscheidung **Eingliederungszuschüsse** für die Beschäftigung von Migranten bewilligen, wenn hierdurch die nachhaltige Integration des Migranten in den Arbeitsmarkt erreicht werden kann. Dies ist z. B. der Fall bei Migranten, die gesundheitlich eingeschränkt oder behindert sind.

Schließlich besteht die Möglichkeit der Teilnahme von Migranten an Maßnahmen der Arbeitsagenturen zur **Aktivierung und beruflichen Eingliederung,** um die berufsfachlichen Kenntnisse und Fertigkeiten des Migranten zu ermitteln. Diese Maßnahmen dauern maximal 6 Wochen, während denen der Mindestlohn nicht zu zahlen ist.

5.3   Während der Beschäftigung

Individualrechtlich bestehen Besonderheiten, die neben den diversen Gleichbe-handlungspflichten und Diskriminierungsverboten auch aus der Fürsorgepflicht des Ausbilders oder Arbeitgebers erwachsen. Zu denken ist hierbei an das **Tragen religiöser Kleidungsstücke** wie z. B. Kopftüchern, die im Vergleich zu christlichen Accessoires wie z. B. Kreuzen etc. auffälliger sind und teilweise auch für Anstoß sorgen. Derartige Bekleidung hat der Arbeitgeber zu dulden, es sei denn, es gelänge ihm der – äußerst schwierig zu führende – Nachweis, dass dies zu konkreten betrieblichen Störungen oder wirtschaftlichen Einbußen führen würde (Gyo 2011, S. 322). Unter Berücksichtigung des kirchlichen Selbst-bestimmungsrechts gem. Art. 137 Abs. 3 Weimarer Reichsverfassung (WRV) ist kirchlichen Arbeitgebern, die in Deutschland unter anderem als Diakonie, Caritas etc. mit zusammen mehr als 960.000 Arbeitnehmern der zweitgrößte Arbeitge-ber nach dem Staat sind (Gyo 2011, S. 295) jedoch zuzubilligen, den bei ihnen beschäftigten Arbeitnehmern das Tragen nicht-christlicher Kleidungsstücke zu untersagen. Dass hiervon in der Praxis selten Gebrauch gemacht wird, steht auf einem anderen Blatt. Konfliktpotenzial besteht auch bei der Unterbringung von **Gebetspausen** für muslimische Arbeitnehmer in der Arbeitszeit. Zeit für kurze Gebetspausen ist grundsätzlich während der Arbeitszeit zu gewähren, allerdings sind dabei betriebliche Belange zu berücksichtigen, die auch eine Abstimmung mit dem Arbeitgeber bzw. dem Vorgesetzten erfordern (Gyo 2011, S. 323). Sofern die Regelung des § 616 BGB nicht abbedungen ist, ist während der Gebetspausen der Arbeitslohn fortzuzahlen.

Bürgerliches Gesetzbuch (BGB)
§ 616 Vorübergehende Verhinderung
Der zur Dienstleistung Verpflichtete wird des Anspruchs auf die Vergütung nicht dadurch verlustig, dass er für eine verhältnismäßig nicht erhebliche Zeit durch einen in seiner Person liegenden Grund ohne sein Verschulden an der Dienstleistung verhindert wird. Er muss sich jedoch den Betrag anrechnen lassen, welcher ihm für die Zeit der Verhinderung aus einer auf Grund gesetzlicher Verpflichtung bestehenden Kranken- oder Unfallversi-cherung zukommt.
    http://www.gesetze-im-internet.de/bgb/__616.html

Diese Regelung ist dispositiv. Sie kann also im Arbeitsvertrag wirksam ausgeschlossen werden. Der Arbeitgeber sollte hiervon nicht nur im Hinblick auf beschäftigte Migranten Gebrauch machen, sondern generell. Schließlich fallen auch z. B. auch Abwesenheiten wegen der Teilnahme an (religiösen) Familienfeiern, Niederkunft der Ehefrau oder in häuslicher Gemeinschaft lebenden Partnerin, Trauerfälle etc. hierunter (Erfurter Kommentar 2017 § 616 BGB, Rn. 4).

Religiöse Überzeugungen von regelmäßig nicht den christlichen Mehrheitsreligionen angehörenden, beschäftigten Migranten können auch zur berechtigten **Arbeitsverweigerung aus religiösen Gründen** führen. Zu denken ist an Fälle, in denen von muslimischen Metzgern verlangt wird, Schweinefleisch zu bearbeiten oder in denen muslimisches Pflegepersonal Kranken- oder Altenpflege an Angehörigen des jeweils anderen Geschlechts leisten soll. Dem Arbeitgeber obliegt es in diesen Fällen, alle zumutbaren Möglichkeiten auszuschöpfen, um seinen Beschäftigten die vorgenannten Konfliktsituationen zu ersparen. Nur wenn trotz Ausschöpfung dieser Möglichkeiten die Beschäftigung entgegen religiöser Verbote nicht unterbleiben kann und der betroffene Beschäftigte die für ihn problematische Arbeit verweigert, kann der Arbeitgeber zur Kündigung greifen (Gyo 2011, S. 324).

Anfang des Jahres wurde in Regierungskreisen wieder diskutiert, Migranten von der Pflicht zur Zahlung des **Mindestlohns** von derzeit 8,84 EUR brutto pro Stunde auszunehmen. Dass es so weit kommt, scheint derzeit aber aus mehreren Gründen unwahrscheinlich: Bedeutende Teile der Koalition könnten in einer solchen Ausnahme vom Mindestlohngesetz (MiLoG) einen zu vermeidenden Präzedenzfall für weitere Ausnahmen vom Mindestlohn sehen in dessen Konsequenz es zur Erosion des Mindestlohns käme. Zweitens trennt das Arbeitgeberlager bei der Forderung nach weiteren Ausnahmen beim Mindestlohn nicht zwischen Migranten und Nicht-Migranten. Ein solches Sonderrecht für Migranten würde zudem verfassungsrechtlichen Bedenken begegnen. Darüber hinaus würde hierdurch ein sozialpolitisch nicht wünschenswerter Verdrängungswettbewerb zwischen verschiedenen, auf dem Arbeitsmarkt weitgehend aussichtslosen Personengruppen entstehen wie dies schon bei sogenannten „Ein-Euro-Jobs" der Fall war („Straßenreinigung nur noch durch Flüchtlinge"). Eine Ausweitung von Ausnahmen vom Mindestlohn über das bestehende Maß auch auf einheimische Beschäftigte stößt auf erheblichen Widerstand beim DGB. Schließlich ist aus Untersuchungen zum Effekt von Mindestlohn-Ausnahmen auf die Beschäftigung von Langzeitarbeitslosen bekannt, dass dieses Instrument aus verschiedenen Gründen nicht benutzt wird. Diese Gründe lassen sich auch auf die Beschäftigung von Migranten übertragen. Z. B. liegt in der Abweichung vom Mindestlohn ein erhöhter bürokratischer Aufwand für alle Beteiligten; Vorbehalte gegen die Leistungs-fähigkeit von Arbeitnehmern, bei denen vom Mindestlohn abgewichen werden könnte, lassen sich nicht durch die dadurch möglichen geringeren Lohnkosten ausräumen; weiter werden Motivationsprobleme und Unruhen in der Belegschaft befürchtet (IAB, Kurzbericht 23/2016, S. 7). Ohnehin ist der Mindestlohn nicht zu zahlen, soweit sich Migranten in Maßnahmen zur Aktivierung und beruflichen Eingliederung oder der Einstiegsqualifizierung befinden.

Kollektivrechtlich gelten wenige Besonderheiten. Beschäftigte Migranten haben ungeachtet ihres Aufenthalts von zunächst ungewisser Dauer das **aktive und passive Wahlrecht in Betriebsratswahlen.** Im Vorfeld von Betriebsrats-wahlen ist durch den Wahlvorstand dafür zu sorgen, dass Beschäftigten, die der deutschen Sprache nicht ausreichend mächtig sind, über das Wahlverfahren, die Aufstellung der Wähler- und Vorschlagslisten, den Wahlvorgang und die Stimm-abgabe unterrichtet werden, § 2 Wahlordnung. Die Nichtbeachtung kann zur Anfechtung der Betriebsratswahl gem. § 19 BetrVG berechtigen (Küttner 2016 Ausländer Rn. 20). Der Betriebsrat hat darüber zu wachen, dass es nicht zur Dis-kriminierung wegen der sogenannten „Rasse", Herkunft und Nationalität kommt, § 75 BetrVG. Zudem hat der Betriebsrat die Eingliederung besonders schutzbe-dürftiger Personen wie z. B. Migranten zu fördern, § 80 Abs. 1 Nr. 4 BetrVG und generell die Integration ausländischer Arbeitnehmer im Betrieb und das Verständ-nis zwischen ihnen und den deutschen Arbeitnehmern zu fördern sowie Maßnah-men zur Bekämpfung von Rassismus und Fremdenfeindlichkeit im Betrieb zu beantragen, § 80 Abs. 1 Nr. 7 BetrVG.

Für die **lohnsteuerrechtliche Behandlung** von Migranten gelten grundsätz-lich keine Besonderheiten, da diese nicht an die Staatsangehörigkeit, sondern an den Wohnsitz bzw. den gewöhnlichen Aufenthalt anknüpft, §§ 8, 9 Abgabenord-nung.

Auch im **Sozialversicherungsrecht** bestehen für die Beschäftigung von Mig-ranten grundsätzlich keine Besonderheiten, da gem. § 30 SGB I nicht die Staats-angehörigkeit, sondern der Wohnsitz bzw. der ständige Aufenthaltsort maßgeblich sind. Lediglich beim Bezug von Sozialleistungen bestehen Einschränkungen. So wird Grundsicherung für Arbeitssuchende (kurz: Arbeitslosengeld II, umgangs-sprachlich: Hartz IV) nicht an Ausländer geleistet, die noch keine drei Monaten in Deutschland sind ohne Arbeitnehmer oder Selbstständiger zu sein, deren Aufent-haltsrecht nur zum Zweck der Arbeitssuche erteilt wurde und die Leistungen nach § 1 Asylbewerberleistungsgesetz beziehen können, sofern sie nicht einen Aufent-haltstitel gem. §§ 22–26 AufenthG haben, § 7 Abs. 1 S. 1 SGB II.

5.4 Beendigung der Beschäftigung

Es wurde bereits aufgezeigt, dass der Aufenthalt von Migranten im Bundesgebiet in den meisten Fällen endlich ist. Eine – erzwungene – Ausreise führt für sich selbst genommen noch nicht zur automatischen Beendigung des Beschäftigungsverhältnisses, sondern nur zum Ruhen der Hauptleistungspflichten. Dies sind im Arbeitsverhältnis Arbeitsleistung und Vergütung und im Ausbildungsverhältnis die Pflicht, sich zu Bemühen, die berufliche Handlungsfähigkeit zu erwerben und die Pflicht, die berufliche Handlungsfähigkeit zu vermitteln. Die Nebenpflichten wie z. B. die Treuepflicht und das sich daraus ergebende Wettbewerbsverbot bleiben ohnehin weiter bestehen. Theoretisch könnte also ein als Asylbewerber abgelehnter Migrant nach seiner Ausweisung wieder in das Bundesgebiet zurückkehren – und bei Vorliegen der Beschäftigungsvoraussetzungen Aufenthaltserlaubnis und Arbeitsgenehmigung – die Fortführung des Arbeits- bzw. Ausbildungsverhältnisses verlangen. Zwar kann in dem Fall, dass Aufenthaltserlaubnis und/oder Arbeitsgenehmigung wegfallen oder der Arbeitnehmer sogar ausgewiesen wird, grundsätzlich eine **personenbedingte Kündigung** gem. § 1 Abs. 2 S. 1 KSchG ausgesprochen werden. Es ist aber zumindest denkbar, dass eine neue Aufenthaltserlaubnis und/oder Arbeitsgenehmigung erteilt werden oder ein ausgewiesener Migrant aus welchen Gründen auch immer wieder in das Bundesgebiet einreist und sogar mit einer Aufenthaltserlaubnis und/oder Arbeitsgenehmigung ausgestattet wird. Im Zusammenspiel mit den überzogenen Anforderungen zumindest der erstinstanzlichen Arbeitsgerichte an die Wirksamkeit von arbeitgeberseitigen Kündigungen rührt aus diesen Umständen ein, wenn auch nicht übermäßig hohes, Prozessrisiko für die Arbeitgeberseite. Ein Arbeitsverhältnis mit einem Migranten sollte aus diesem Grund immer als **befristetes Arbeitsverhältnis** – mit der Möglichkeit der ordentlichen Kündigung gem. § 15 Abs. 3 TzBfG – abgeschlossen werden. Dabei sind die üblichen Fallstricke des Befristungsrechts zu beachten. Die Befristung ist vor der Aufnahme der Beschäftigung schriftlich zu vereinbaren, § 14 Abs. 4 TzBfG. Eine Befristung ohne Sachgrund darf maximal dreimal verlängert werden, die erste Befristung und ihre maximal drei Verlängerungen dürfen einen Gesamtzeitraum von maximal zwei Jahren nicht überschreiten, andernfalls entsteht ein unbefristetes Beschäftigungsverhältnis, § 14 Abs. 2 S. 1 TzBfG. Eine sachgrundlose Befristung ist ausgeschlossen, wenn mit demselben Arbeitnehmer innerhalb der drei vorangegangenen Jahre bereits ein – aus welchem Grund auch immer – befristetes oder unbefristetes Arbeitsverhältnis bestanden hat, § 14 Abs. 2 S. 2 TzBfG. Umgekehrt ist eine Sachgrundbefristung im Anschluss an ein befristetes oder unbefristetes Beschäftigungsverhältnis zulässig und wirksam. Als Sachgrund für eine Befristung kommt die Ungewissheit über die Aufenthaltsdauer des Beschäftigten als **Grund in der Person des Arbeitnehmers gem. § 14 Abs. 1 S. 2 Nr. 6 TzBfG** in Betracht. Voraussetzung ist allerdings, dass im Zeitpunkt der Vereinbarung der Befristung die hinreichend sichere Prognose gestellt werden kann, dass der Aufenthaltstitel bzw. Aufenthaltsstatus nicht verlängert werden wird (Erfurter Kommentar 2017 § 14 TzBfG Rn. 52). Hierbei sind die Umstände des Einzelfalls in Betracht zu ziehen, also die Erfolgsaussichten für die Erteilung eines dauerhaften Aufenthaltstitels. Der Grund für dieses Erfordernis ist, dass einem Arbeitgeber nicht ermöglicht werden soll, einen unsicheren Aufenthaltsstatus eines beschäftigten Migranten zur Flexibilisierung seiner Belegschaft auszunutzen. Als weitere Sachgrundbefristung kommt die **Befristung zur Erprobung** gem. § 14 Abs. 1 S. 2 Nr. 5 TzBfG in Betracht. Als Maximaldauer kommt im Regelfall angesichts der Sechs-Monats-Schwelle für die Anwendung des Kündigungsschutzgesetzes gem. § 1 Abs. 1 KSchG und § 622 Abs. 3 BGB (um eine Probezeit nicht zu unterlaufen) eine maximal sechsmonatige Erprobungsbefristung in Betracht. Dies setzt ferner voraus, dass bislang noch keine Beschäftigung stattgefunden hat, in der der Arbeitgeber Gelegenheit zur Erprobung des Arbeitnehmers hatte. Mit anderen Worten: Soll das Arbeitsverhältnis mit einem Migranten befristet werden, muss eine Entscheidung zwischen entweder der maximal zweijährigen, sachgrundlosen Befristung oder der je nach Wahrscheinlichkeit der Verlängerung des Aufenthaltsstatus längeren oder kürzeren Befristung aus Gründen in der Person des Arbeitnehmers, ggf. mit einer vorgeschalteten Erprobungsbefristung, getroffen werden.

Für **Berufsausbildungsverhältnisse** ist die Befristung ausgeschlossen. Die Dauer eines Berufsausbildungsverhältnisses richtet sich vielmehr nach jeweiligen Ausbildungsordnungen.

In den Fällen, in denen ein Arbeits- oder Berufsausbildungsverhältnis durch eine **verhaltensbedingte Kündigung** gem. § 1 Abs. 2 S. 1 KSchG beendet werden soll, muss der Kündigung regelmäßig eine **Abmahnung** vorangehen. Sollte der Abmahnungsadressat der deutschen Sprache nicht mächtig sein, sollte der Abmahnung eine Übersetzung in der Sprache beigefügt werden, derer der Abmahnungsadressat mächtig ist. Ein Arbeitgeber ist zwar nicht verpflichtet, Abmahnungen in einer anderen als der deutschen Sprache auszusprechen. Gleichwohl wird empfohlen, die Abmahnung in einer Sprache auszufertigen, die der Abmahnungsadressat beherrscht. Es gilt nämlich zu vermeiden, dass der Abmahnungsadressat behauptet, von der Warnfunktion der Abmahnung nicht erreicht worden zu sein, weil er noch keine Gelegenheit hatte, sich um eine Übersetzung zu kümmern. Der Zeitraum, der dem Abmahnungsadressaten zuzugestehen ist, um sich um eine Übersetzung zu kümmern, hängt von den Umständen des Einzelfalls ab, wie z. B. von dem Vorhandensein eines Betriebsdolmetschers, von dem örtlichen Angebot an Dolmetschern für die von dem Abmahnungsadressaten beherrschte Sprache usw.. In Anlehnung an die Klageerhebungsfrist gem. § 4 S. 1 KSchG dürfte dieser Zeitraum aber maximal drei Wochen betragen. Kommt es in diesem Zeitraum zu einem weiteren Pflichtverstoß, besteht demnach das Risiko, dass der Abmahnungsadressat den Inhalt der Abmahnung noch nicht zur Kenntnis genommen hat und der weitere Pflichtverstoß deshalb noch nicht als Kündigungsgrund herangezogen werden kann.

Aus ähnlichen Gründen sollte auch die **Kündigungserklärung** gegenüber einem Migranten, der die deutsche Sprache nicht beherrscht, mit einer Übersetzung versehen werden. Zwar liegt das Risiko, den Inhalt der Kündigungserklärung nicht zu verstehen nach überwiegender Ansicht beim Kündigungsadressaten. Teilweise wird aber eben auch die Ansicht vertreten, dass die Kündigung erst dann zugegangen sein soll, wenn der Kündigungsadressat ausreichend Gelegenheit hatte, sich Kenntnis von ihrem Inhalt zu verschaffen, z. B. durch Einholung einer Übersetzung. Im schlimmsten Fall laufen während dieses Zeitraums die Fristen zur Erklärung einer außerordentlichen oder einer Probezeitkündigung ab.

Auch ein **Aufhebungsvertrag** mit einem der deutschen Sprache nicht mächtigen Migranten sollte sicherheitshalber mit einer Übersetzung versehen werden.

Sollte der Migrant eine zulässige Frage des Arbeitgebers bzw. Ausbilders, z. B. nach für die Tätigkeit erforderlichen Sprachkenntnissen, nicht wahrheitsgemäß beantwortet haben, erwächst dem Arbeitgeber bzw. Ausbilder hieraus ein **Anfechtungsrecht wegen arglistiger Täuschung** gem. § 123 Abs. 1 BGB. Das gleiche gilt, wenn der Migrant einer Offenbarungspflicht, z. B. über das Fehlen eines Aufenthaltstitels oder einer Arbeitsgenehmigung, nicht nachkommt.

5.5 Nach Beendigung der Beschäftigung

Nach Beendigung eins Arbeitsverhältnisses bestehen keine Besonderheiten zwischen Migranten und anderen Beschäftigten.

Wird ein **Ausbildungsverhältnis nicht betrieben oder abgebrochen,** muss der Ausbildungsbetrieb dies unverzüglich, in der Regel innerhalb von einer Woche der zuständigen Ausländerbehörde schriftlich mitteilen, § 60a Abs. 2 S. 7 AufenthG. Unterbleibt diese Mitteilung, liegt darin eine Ordnungswidrigkeit gem. § 98 Abs. 2b AufenthG.

Was Sie aus diesem *essential* mitnehmen können

- Migration bietet ungeachtet der Unkenntnis über die noch unbekannten Qualifikationen der Migranten Chancen, dem sich verschärfenden Fachkräftemangel zu begegnen.
- Das System der verschiedenen Aufenthaltstitel und -statuten ist wenig übersichtlich. Rechtssicherheit wird aber dadurch erzeugt, dass die Art der Beschäftigungserlaubnis aus den jeweiligen Aufenthaltspapieren hervorgeht.
- Arbeitgeberrisiken bei der Beschäftigung von Migranten drohen vor allem in Fällen der fehlenden Beschäftigungserlaubnis.
- Der ungewissen Aufenthaltsdauer von Migranten sollte durch den Einsatz befristeter Arbeitsverträge begegnet werden.
- Typische Konflikte beim Einsatz von Migranten können vor allem durch Anwendung der Regelungen des AGG gelöst werden.

© Springer Fachmedien Wiesbaden GmbH 2017
C. Gyo, *Beschäftigung von Flüchtlingen*, essentials,
DOI 10.1007/978-3-658-18154-3

Literatur

Bertelsmann Stiftung (2015) Die Arbeitsintegration von Flüchtlingen in Deutschland. https://www.bertelsmann-stiftung.de/de/publikationen/publikation/did/die-arbeitsinteg-ration-von-fluechtlingen-in-deutschland-1/. Zugegriffen: 05. Feb. 2017

Erfurter Kommentar (2017) Erfurter Kommentar zum Arbeitsrecht. Beck, München

Gyo C (2009) Migrant workers in Germany. Comp. Labor Law & Policy J 31(1):47–66

Gyo C (2011) Diskriminierung aufgrund der Religion im deutschen und französischen Arbeitsrecht – Völker-, europarechtliche und nationale Regelungen. Lang, Frankfurt a. M.

Institut für Arbeitsmarkt und Berufsforschung der Bundesagentur für Arbeit IAB (2016a) Aktueller Bericht 19/2016 – Eine vorläufige Bilanz der Fluchtmigration nach Deutschland. http://doku.iab.de/aktuell/2016/aktueller_bericht_1619.pdf. Zugegriffen: 05. Feb. 2017

Institut für Arbeitsmarkt und Berufsforschung der Bundesagentur für Arbeit IAB (2016b) Zuwanderungsmonitor Januar 2016. http://doku.iab.de/arbeitsmarktdaten/Zuwande-rungsmonitor_1601.pdf. Zugegriffen: 05. Feb. 2017

Institut für Arbeitsmarkt und Berufsforschung der Bundesagentur für Arbeit IAB (2016c) Kurzbericht 23/2016. http://iab.de/194/section.aspx/Publikation/k160608303. Zugegriffen: 05. Feb. 2017

Institut für Arbeitsmarkt und Berufsforschung der Bundesagentur für Arbeit IAB (2017) Zuwanderungsmonitor Januar 2017. http://doku.iab.de/arbeitsmarktdaten/Zuwande-rungsmonitor_1701.pdf. Zugegriffen: 05. Feb. 2017

Küttner (2016) Personalbuch 2016. Beck, München

Bergmann J, Dienelt K (2016) Ausländerrecht. Beck, München

Printed in the United States
By Bookmasters